体育授業が100倍盛り上がる!
「教材アイデア」絶対成功の指導BOOK

関西体育授業研究会 著

「競争」「共創」全領域の活動を2つのアプローチで教材化

明治図書

はじめに

　普段の授業をおこなう前，どのように準備をしているでしょうか。国語や算数ならば，教科書をまずしっかり読み込む，指導書を見て授業構想を練る，書籍やインターネットも参考に…といった流れでしょうか。では，体育の授業準備をおこなう時はどうでしょう。ご存知の通り，体育科には教科書はありません。
　例えば，3・4年生の走・跳の運動における「幅跳び」の授業。学習指導要領には，

> 幅跳びでは，<u>その行い方を知るとともに，短い助走から強く踏み切って遠くへ跳ぶこと。</u>
> ［例示］
> ○　短い助走からの幅跳び
> 　・　5～7歩程度の助走から踏切り足を決めて前方に強く踏み切り，遠くへ跳ぶこと。
> 　・　膝を柔らかく曲げて，両足で着地すること。
> 　　　　　　　　　　　　　　　　　　　　　　　　　　　　　（下線は筆者）

と示されています（知識及び技能）。
　その行い方を知るとともに，短い助走から強く踏み切って遠くへ跳ぶこと。これが目標です。［例示］として，示されているのが教材です。この教材を用いて，この目標を達成するということになります。さて，授業のイメージ，教材のイメージはできたでしょうか。
　きっとこの授業準備に，毎回頭を悩ませている先生もおられるのではないでしょうか。教科書が存在しない体育科で，よく耳にする悩みの一つです。しかし，逆に考えると，「こうでなくてはならない」と縛られることなく，教材を扱うことができるのも体育科のよさと言えます。目標に向かう道のりは一つではありません。いろいろなアプローチの方法があるはずです。
　本書では，関西体育授業研究会のメンバーがこれまでおこなってきた多くの教材から，選りすぐりのものを紹介しています。また，学びの過程に着目して，「競争」「共創」の大きく2つのアプローチ方法に分けて教材を掲載しています。同じ目標の同じような運動であっても，その過程で「競争」を核に据えるのか，「共創」を核に据えるのかでは，その様相はまったく異なるものになります。目の前の子どもたちの実態に合わせてご活用ください。
　本書が，日々の体育授業に立ち向かう先生たちの一助となり，子どもたちの「体育大好き！」の声につながれば幸いです。

　　　　　　　　　　　　　　　　　　　　　　　関西体育授業研究会　垣内　幸太

contents

はじめに ……………………………………………………………………………………… 3

第1章 盛り上がる体育授業にする！授業づくりの法則 …………………………… 7

1 盛り上がる授業には「汗」と「笑顔」がある！ ……………………………………… 8
2 「3つの願い」の実現で汗と笑顔あふれる授業に！ ………………………………… 10
3 「競争」と「共創」の視点が子どもの願いを実現する！ …………………………… 12
　コラム 合わせて会わせる／心に残る教材 ………………………………………… 14

第2章 領域別で選べる！盛り上がる「教材アイデア」全部紹介！ ……………… 15

①体つくり領域 …………………………………………………………………………… 16

競争
- 低学年 1 駅伝サーキット ～タイムを縮めよう～ ………………………………… 16
- 中学年 2 チームチャレンジフラフープ ………………………………………… 18
- 高学年 3 なわとびバトル ～スペシャル技を磨こう～ ………………………… 20

共創
- 低学年 4 セレクトすごろく ～運も味方に～ …………………………………… 22
- 中学年 5 フープランド ～最後はみんなで～ …………………………………… 24
- 高学年 6 8＆6 ～オリジナル技を開発しよう！～ ……………………………… 26

②ゲーム領域 …………………………………………………………………………… 28

競争
- 低学年
  - 7 シュートボール ～たくさんシュートしよう！～ ……………………（ゴール型）28
  - 8 コロコロボール ～たくさんつないでシュートしよう！～ ……………（ネット型）30
  - 9 けり×2ボール ～たくさん回って得点しよう～ ……………………（ベースボール型）32
- 中学年
  - 10 ラインボール ～どこに動いてシュートする？～ ……………………（ゴール型）34
  - 11 アタックチャンスバレー ～アタックチャンスを獲得して得点しよう～ …（ネット型）36
  - 12 ランニングベースボール ～思いきり打って走って得点しよう～ …（ベースボール型）38
- 高学年
  - 13 どこから？ゴール ～どこに動いてゴールする？～ …………………（ゴール型）40
  - 14 チャンピ4バレー ～落とさずつないで得点しよう！～ ………………（ネット型）42
  - 15 セレクトベースボール ～進む？止まる？どこでアウトにする？～ …（ベースボール型）44

③陸上領域 46

競争
- 低学年
  - 16 ハードル走につながる運動遊び ……(走) 46
  - 17 跳べ！パイナップルジャンプ！ ……(跳) 48
- 中学年
  - 18 ターゲットかけっこ ……(走) 50
  - 19 タタタン高跳び ～リズムに乗って跳ぼう～ ……(跳) 52
- 高学年
  - 20 3歩でGO！ハードル走 ……(走) 54
  - 21 走り幅跳び ～実測で思いきり跳ぼう！～ ……(跳) 56

共創
- 低学年
  - 22 オリジナルコースをかけぬけろ！ ……(走) 58
  - 23 いろんな跳び方を楽しもう！ ～島にだっしゅつ 大ジャンプ！～ ……(跳) 60
- 中学年
  - 24 シンクロハードル ～リズムよく越えよう～ ……(走) 62
  - 25 パックジャンプ！ ～チームでたくさん跳ぼう～ ……(跳) 64
- 高学年
  - 26 ダッシュマークリレー ……(走) 66
  - 27 得点表を使った 走り高跳び ～クラス最高得点をめざせ！～ ……(跳) 68

④器械運動領域 ……70

競争
- 低学年
  - 28 マット遊び ～めざせ！にんじゃしけん！～ ……(マット) 70
  - 29 跳び箱遊び ～ワン，ツー，ジャンプ！～ ……(跳び箱) 72
- 中学年
  - 30 側方倒立回転 ～レベルアップチャレンジ～ ……(マット) 74
  - 31 開脚跳び ～前へ進め！障害物を跳び越えろ～ ……(跳び箱) 76
- 高学年
  - 32 倒立ブリッジ ～レベルアップチャレンジ～ ……(マット) 78
  - 33 閉脚跳び ～かっとびロケット～ ……(跳び箱) 80

共創
- 低学年
  - 34 マット遊び ～マットオリンピック～ ……(マット) 82
  - 35 跳び箱遊び ～スーパージャンプ～ ……(跳び箱) 84
  - 36 鉄棒遊び ～スイングてつぼう～ ……(鉄棒) 86
- 中学年
  - 37 前転・後転 ～みんなで成功！ゴロゴロマット～ ……(マット) 88
  - 38 台上前転 ～みんなで挑戦！お尻アタック～ ……(跳び箱) 90
  - 39 かかえこみ回り ～振って振って回ろう！～ ……(鉄棒) 92
- 高学年
  - 40 ロンダート ～勢いをつけてはねよう！～ ……(マット) 94
  - 41 首はね跳び ～味わおう！浮遊感～ ……(跳び箱) 96
  - 42 巴（ともえ）～宇宙遊泳をしよう！～ ……(鉄棒) 98

⑤表現領域 ··· 100

競争
- 低学年 43 サークルまねっこダンス 〜お友達のダンスをまねて踊ろう〜 ················ 100
- 中学年 44 2人組でダンスバトルパーティー！ ································· 102
- 高学年 45 チームでつくる！部位でダンスメドレー 〜ペアでつくったダンスの楽しさを競え〜 ··· 104

共創
- 低学年 46 アニマルかるた 〜どんなアニマルがでてくるかな〜 ················ 106
- 中学年 47 レッツ クッキング♪ 〜どんな料理ができるかな〜 ················ 108
- 高学年 48 仲間とともに非日常へ！ ··· 110

⑥水泳領域 ··· 112

競争
- 低学年 49 小プールでフレンドパーク 〜競って成長〜 ························ 112
- 中学年 50 クラゲ名人選手権 〜進化をめざして〜 ··························· 114
- 高学年 51 競い合いで生まれる絆 〜みんなで泳力向上〜 ···················· 116

共創
- 低学年 52 水中ワールドへようこそ！ 〜水の中の楽しい仲間たち〜 ········ 118
- 中学年 53 みんなと一緒に楽しく水泳 〜プールって気持ちいい〜 ·········· 120
- 高学年 54 スイミースイマー 〜みんなで一緒に楽しもう〜 ················ 122

執筆者一覧 ··· 124

第1章

盛り上がる体育授業にする！
授業づくりの法則

盛り上がる授業ってどんな授業でしょう。
そんな授業をつくるにはどうすればよいのでしょう。
具体的に教材化するためにはどんな視点を大切にすればよいのでしょう。
第1章では，本書のベースとなる考え方を説明させていただいています。まずは，こちらからご覧ください。

1 盛り上がる授業には「汗」と「笑顔」がある！

「みえる」盛り上がり「みえない」盛り上がり

「今日の授業，盛り上がりました‼」うれしそうに若い先生が話してくれます。どんな授業であったのか，その表情からも想像がつきます。毎日そんな授業ができたなら，子どもたちにとっても，先生にとっても幸せなことですね。一方で「今日の授業，全然盛り上がりませんでした…」と落ち込んで話をしてくれる先生もいます。

「盛り上がったかどうか」授業の良し悪しを決めるのによく使われる言葉です。でも，この二者はなにをもって盛り上がる・盛り上がらないと言っているのでしょう。

まずは，授業内での発言・行動・表情がその判断の主たる材料となります。つまり，盛り上がらなかったと言われる授業では，

- ・子どもたちの発言が少ない
- ・意欲的に活動していない
- ・笑い声が少ない ……

といったことが，その判断材料になっています。確かに，こういった授業を目にすると，盛り上がってないなぁと感じてしまうことが多いのではないでしょうか。

この目や耳でわかる「みえる」盛り上がり指数は大切な判断基準です。時に，まったく盛り上がっていないのに，そのことに気づかずに，推し進める授業を目にします。

まずは，この指数をしっかり感じ取る力をつけなくてはいけません。

「みえる」盛り上がりに対して，「みえない」盛り上がりもあります。それは，表には出ない頭の中や心の中の盛り上がりのことです。

- ・表情はさえないけれど，どうやって問題を解決するか一生懸命に考えている姿。
- ・うまく自分の思いは伝えられないけれど，ジェスチャーなどで必死に伝えようとする姿。　……

こういった姿は目には見えません。しかし，授業に懸命に向かうこういった姿も大いに称賛されるべき姿です。「みえない」盛り上がりも感じる力を私たちは身につけたいものです。

「みえる」ことと「みえない」こと。すべてのことを把握して授業を進めることは難しいことです。しかし，盛り上がる授業に共通するものがあります。それは「汗」と「笑顔」です。

授業における子どもたちの「汗」と「笑顔」を予めイメージすることで，盛り上がる授業が見えてきます。

汗！　〜身体＆頭〜

「体にかく汗」「脳にかく汗」２つの汗があります。盛り上がっている体育にはこの２つの汗が存在します。

体育は身体活動を中心とした教科です。身体を動かせば汗をかきます。汗には，体温を調整する機能やストレス解消，血行促進などのよい効果がたくさんあります。なにより身体を動かして汗をかくことは気持ちいいことです。外遊びの場所や時間がどんどん減少している昨今。体育の時間は汗をかくことのできる貴重な時間です。子どもたちにとって待ち遠しい時間にしたいものです。

盛り上がる授業には，体の汗だけでなく頭や心を刺激して脳に汗をかくような授業にしていくことも必要です。ただ体に汗をかくのならば，ひたすらグランドを走り続けていればいいのかもしれません。しかし，それでは体育科のめざす「豊かなスポーツライフ」には当然結び付きません。それどころか運動嫌いを助長することにもなりかねません。「どうすればあの技ができるようになるのかな」「仲間と一緒に楽しみたいな」「どうすればうまくいくか考えてみよう」ただやらされる運動ではなく，そんな自分の意志や願いでおこなう運動であったならば，きっとどの子も学習に懸命に向かう姿が見られることでしょう。

笑顔　〜達成＆仲間〜

子どもたちの笑顔が広がる授業。盛り上がっている授業の象徴ですね。笑顔にもいろいろな理由があります。

１つは，何かを達成した時の笑顔です。授業には，目標があります。技を習得すること，記録を伸ばすこと，仲間と動きを合わせること，ゲームに勝つこと…。それらの目標を達成した時には笑顔があふれることでしょう。最高に盛り上がる瞬間ですね。しかし，その目標があまりに難しい，あまりに簡単では，その盛り上がりも生まれません。ちょうどいい目標を設定すること，その目標にたどり着くための道筋を準備すること，大事な教師の役割です。

もう１つは，仲間の中で生まれる笑顔です。仲間と一緒にゲームに勝った時，教えてもらってできるようになった時，作品が完成した時…。自分１人ではたどり着くことができなかったところにたどり着いた喜びは体育ならではの経験です。

授業における子どもたちの「汗」と「笑顔」をイメージすることで「盛り上がる体育」を実現していきましょう。

こんな授業が盛り上がる！

盛り上がり要素①　身体の汗，脳の汗
盛り上がり要素②　達成する喜び，仲間との楽しさ

2 「3つの願い」の実現で汗と笑顔あふれる授業に！

願いの合致

「汗」と「笑顔」があふれる授業にするためには，子どもたちの願いをつかんでおくことが肝要です。教師には当然，「子どもたちを〜できるようにしたい」「子どもたちに〜を感じさせたい」といった願いがあります。さらに授業を盛り上がる時間にするためには，この教師の願いに，子どもたちの願いを合致させることが求められます。つまり教師が学ばせたいものをいかに子どもの興味や関心にのせて提示していくのか。私たちは常に考えていかなくてはなりません。

「ゲームのルールをこうしよう」
「ボールはこんなものを用意しよう」
「技を拡大して提示しよう」……

きっと日々様々な工夫をしていることでしょう。本書にも，そのヒントがたくさん掲載されています。目の前の子どもたちの願いからよりよい運動（教材）を選択していってください。

では，体育の授業において，子どもたちはどんな願いを持つのでしょう。

3つの願い

子どもたちの願いは大きく3つに分けることができます。1つ目は身体面の願い。2つ目は思考面の願い。3つ目は情意面の願いです。

もちろんすべての願いが包括されている授業であれば言うことはありません。しかし，どれか1つの要素に焦点をあてて授業を構想することも可能です。

身体面の願い

体育では，身体活動を通じて学習が進んでいきます。頭の中とは違い，他者からもその学習過程や成果が一目瞭然です。

> ・みんなは跳び箱4段跳べるのに自分は2段しか跳べない。
> ・バスケットでパスが回ってきてもシュートが全然決められない。
> ・動きを合わせてダンスができない。

そんな時間ばかりが続けば，体育がどんどん嫌いになるのも当然です。体育が嫌いという子どもにその理由を尋ねると，「恥ずかしい」「かっこ悪い」「どうせできないし」といった答えが返ってきます。

なぜこんな感情になるのか。裏を返せば本当はできるようになりたい，動けるようになりたいと思っているからです。でも，うまくいかない。よくわからない。だから嫌になるのです。

この身体面における「できるようになりたい」「かっこよくできるようになりたい」という願いを理解し，叶えさせること。授業づくりにおいて忘れてはいけません。

思考面の願い

大人になってゴルフの練習を始めたとしましょう。何度も何度も練習場に通い，実際のラウンドでもだんだんまっすぐ飛ぶようになってきました。練習の成果が出ました。うれしいことですね。しかし，「どうしてそんなにうまくなったの？」と聞かれて，明確な答えを返せる人がどれくらいいるでしょうか。きっと何かのコツなり，仕組みなりをつかんだはずなのに。

ゴルフに限らず，何かがうまくできるようになった時，もし，その理由までわかれば，そのできた喜びはもっと増えるのではないでしょうか。うまくいく方法や動きのコツや仕組みがわかれば，「もっとできるようになりたい」と運動に向かう態度も上がります。それは次の違う運動に出会った時にも，自信と見通しを持って立ち向かえる力となっています。

・開脚前転の動きのコツを発見，交流する。
・長い距離を走った後の自分の体の変化を予想して確かめる。
・ネット型ゲームでアタックを決める作戦を考え実行する。

授業に，こんな思考を働かせる時間も積極的に組み込んでみましょう。身体面，技能面に差がある子どもたちも，みんなが同じ願いを持って，学習に向かうことができることでしょう。

情意面の願い

どんなにできるようになったとしても，どんなにわかるようになったとしても，そこに楽しさや喜びがなければ，その経験は達成感や次の意欲へはつながりません。当然盛り上がることもありません。楽しくないのですから。

「わかること」「できること」のベースに，楽しい，うれしいといった情意面の願いが満たされる授業であることは盛り上がる授業の必須条件です。

・準備運動などを個人のみでするのではなく，じゃんけんゲームなどを取り入れ，仲間とともに楽しく身体をほぐすことができるようにする。
・サッカーの最後はチーム対抗戦をおこない，優勝チームには優勝旗を。
・ハードル走の授業では，2人のリズムを合わせてとびこえていく。

運動をしながら，喜んだり，悔しがったり，仲間と励まし合ったり，笑い合ったり…。心を大きく動かして運動することはもっとも大きな願いです。

盛り上がる授業をつくるポイント

身体面の願い…できるようになりたい！を叶える
思考面の願い…わかるようになりたい！を叶える
情意面の願い…楽しい！うれしい！を叶える
---

3 「競争」と「共創」の視点が子どもの願いを実現する！

2つの視点

　盛り上がる授業とは，ここまで述べてきたように，子どもたちと教師の願いを一致させ，汗と笑顔があふれる授業のことです。授業で，既成の種目や競技，場などをそのまま提示してもうまくいかないことがよくあります。人数が多すぎる（少なすぎる），ルールが複雑，難易度が高すぎる（低すぎる），学びの過程が限定的…。一部の子は満足している一方で不満足な子どももたくさんいるような授業では盛り上がる授業とは言えません。

　だから私たちは，元のスポーツや競技を教材化（教える材料に加工）することで，子どもたちに合わせて出会わせ，1人でも多くの子どもが満足できるようにします。

　本書で紹介する教材（運動）は，「競争」と「共創」の2つの視点から構想されています。

視点その1　競争！

　「競争」とは，「ある目的に向かってその勝敗や優劣を競うこと」です。競い合うこと，それ自体たいへん楽しいことです。また，勝つ喜びや負ける悔しさを味わうことができるのは，体育ならではの貴重な経験です。体育の時間では，次のような競争の場面を創り出すことができます。

①得点を競う

　球技などに代表されます。バスケットやサッカーなどのように，決まった時間内での得点の多さを競うゲーム。バレーボールやテニスのように，決まった点数までどちらが先にたどり着いたかを競うゲームがあります。

　どちらもよさがありますが，限られた時間で行われる体育授業では，前者の方が進行はしやすいでしょう。

②記録を競う

　この競争でまず思い浮かぶのは陸上領域でしょうか。タイムや距離などの記録を競います。ただ自分の前回の記録と比較していくのみではなく，身体能力においてハンデをつけたり，チーム戦にするなどして仲間の間で記録を競い合う設定にすると，より盛り上がりをみせます。

③出来栄えを競う

　表現運動が思い浮かぶでしょうか。自分たちがおこなった表現活動を他者に評価してもらって競う。俄然やる気が出ます。

　それ以外にも，器械運動などで，採点基準をみんなで決めて，互いに採点し合ったりもできます。

④アイデアを競う

　ゲーム領域において作戦を考えたり，体つくり運動で新しい動きを考えたりすることがあります。その考えをアイデアコンテストとして，みんなに投票してもらいます。身体能力のみを競うのではなく，思考面の力も競うことで楽しく引き出すことができるでしょう。

 共創！

　「共創」とは，読んで字のごとくある目的に向かって「共に創り上げること」です。仲間と一緒に活動するのは楽しいことです。心強いものです。体育の時間には，共に創り上げる場面をたくさん仕組むことができます。

　次のような共創の場面が想定されます。

①動きをつくる

　表現運動などの作品をつくることが想像されるかもしれませんが，それだけではありません。

　マットや跳び箱で集団演技をおこなったり，ハードルや水泳で動きをシンクロさせたりすることもできます。

　動きを1人のものとはせずに，みんなのものとすることで，つくる楽しさを感じさせることができます。

②考えをつくる

　縄跳びで新しい跳び方を考えてみましょう。器械運動で技解説書をつくってみましょう。身体活動のみではなく，時には膝を突き合わせ，考えを出し合う場面も入れてみます。これも盛り上がっているひとつの姿と言えます。

③気持ちをつくる

　チームみんなで目標に向かって進んでいる。できない子をみんなで教えている。今日頑張った子をみんなで認めている。そんな場面を生み出せるような授業にしていきます。

　ただ一緒に活動していただけでは，毎回，授業で楽しさや喜びを感じられるわけではありません。クラスの状況，子どもたちの人間関係を把握した上で，どんな活動を設定していくのか選択していきます。

　「競争」と「共創」。もちろんどちらの視点も含んだ教材もあります。本書では，その教材の核となる点を考慮して分類しています。子どもたちの実態や場面によって選択，修正していただければ幸いです。

盛り上がる授業づくりのエッセンス

競争…勝つ喜び・負ける悔しさ
共創…仲間とともに創り上げる楽しさ

第1章　盛り上がる体育授業にする！授業づくりの法則　13

合わせて会わせる

　新任の頃に，バスケットの授業をしようとしていた時に，先輩の先生から教えてもらった言葉です。バスケットと言えば，5人対5人，ドリブルももちろんあり…。私は，正式なバスケットのルールをしっかり子どもたちに伝えようと，ルールブックを読み込み準備を進めていました。すると，先輩が近づいてきて，「ほんとにそれで，すべての子どもたちが楽しくバスケットできるのかな」と聞いてきました。最初はその言葉の意味がわかりませんでした。しかし，一時間試しのゲームをおこなったところ，先輩の言った通り，一部の子どもたちだけが活躍するゲーム，苦手な数人は立っているだけ，反則もいっぱい，最後にはもめごとも起こる…。と散々な授業となってしまいました。

　そこで，もう一度，先輩のところに相談にいきました。種目と教材はちがうということ。教材を通して学習内容を獲得させていくということ。子どもの実態から教材づくりはスタートすること。教材づくりは一番楽しいということ。などなどたくさんのことを教えていただきました。その中でも，一番心に残った言葉が，冒頭の言葉です。ただ種目ありきでもなく，教師の思いのみでもなく，子どもたちの実態に合わせて，出会わせるんだという言葉が今も私の教材づくりの原点となっています。

心に残る教材

　教師生活も二十数年。長くなってくると，同窓会などで大人になった教え子たちと会うことがあります。お酒も入り，思い出話に花が咲きます。楽しかった行事のこと，昔先生に叱られたこと，こっそり悪いことをしていたこと…。教師になってよかったなと思える素敵な時間です。

　「先生の授業のこと覚えている？」と聞くと，必ずと言っていいほど，体育の授業のことが出てきます。みんなが楽しめるように，できるように，わかるようにと一生懸命考えておこなった授業です。大人になった子どもたちの心に残っていると知った時，その頃の自分をほめたくなります。もちろん，他の教科をサボっていたわけでも，手を抜いていたわけでもありません。しかし，体育にはきっと他の教科にはない力があるのでしょう。

　昨年と同じ授業をしていたら，同じように子どもたちが感じてくれるとは限りません。過去にとらわれることなく，いつまでも新鮮な気持ちで，子どもたちの心に残る授業を創り続けられる教師でありたいと思います。

第 **2** 章

領域別で選べる！
盛り上がる「教材アイデア」
全部紹介！

本章では，「盛り上がる教材アイデア」を数多く紹介しています。体つくり，ゲーム，陸上，器械運動，表現，水泳の領域別に並べています。
同じ学年の同じ運動でも，競争と共創（ゲームは競争のみ）の視点ごとに2つの教材を紹介しています。
どちらの視点でアプローチするのがよいのか，クラスの実態に合わせてご活用ください。

1 駅伝サーキット
～タイムを縮めよう～

| 領域： | 体つくり | ゲーム | 陸上 | 器械運動 | 表現 | 水泳 |
| 学年： | 低学年 | 中学年 | 高学年 | 視点： | 競争 | 共創 |

▶ この教材の魅力！

　本教材は，区間ごとに体つくり運動に用いられる教具を並べ，駅伝のようにたすきをつないでゴールをめざす教材です。得意な区間はどこか話し合いながら，チームでタイムを縮めることを目標に取り組みます。苦手な区間がある子も，そこを担当せずに得意な区間で参加することができます。「誰がどの区間を担当するのか」をチームで考えさせるので，話し合いの目的が明確で，活発な作戦タイムになります。

　また，単元のゴールである駅伝に向けて，はじめは1人でタイムアタック，慣れてきたチームで1人1周のリレー…といったように，単元で取り組むことで，多くの多様な動きを体感させられる点もこの教材の持つよさです。

新聞ゾーン

ハードルゾーン

けんけんぱゾーン

大縄ゾーン

単元の流れ（5時間程度）

目標 駅伝サーキットを最短でクリアする作戦をチームで考えよう！

- みんなが全ての場を体験 → **1人でサーキットに挑戦！**
- 自分の得意な場　苦手な場は？ → **1人でタイムアタック！** ← 個人戦で取り組む
- **1人1周でリレー！** ← チーム戦で取り組む
- どの区間を担当するのかチームで考える → **駅伝サーキット！** ← やった！タイムが縮まった！

16

指導のコツ！

役割分担

駅伝サーキットでタイムを縮めるには，チームみんなが，自分の得意な区間を走ることがカギになってきます。単元の序盤から「担当する区間が自分にとって得意なのか苦手なのか」を意識させながら取り組ませることが重要です。

また，単元後半には教具の配置を前回と変えてみたり，走者の数を変えてみたりすることでさらに盛り上がります！

作戦会議

低学年で作戦タイムを取る際には，話し合いの観点が「誰がどの区間を担当するか」からそれていないかみてあげることも大切になってきます。「本当はこの区間がよかったけど…ここでも頑張る！」といった姿が見られたら，価値づけしてあげるチャンスです！

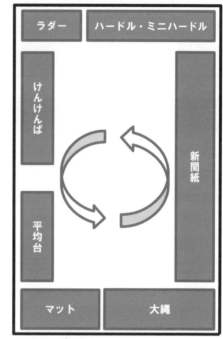

場づくり（例）

どこで区切るか…
どう並べるか…

盛り上げテクニック

子どもたちの声を取り入れる

平均台はどうやってわたる？

マットで何する？

条件を変える

「移動は…（くじを引く）ジャン！けんけん！」といった感じに

片付けも競争

クラスみんなで前回より早く片付けよう！

ポイント!! チームみんなで苦手なところをカバーし合える関係に！
低学年から，チームで取り組む習慣をつけよう！

2 チームチャレンジフラフープ

| 領域： | 体つくり | ゲーム | 陸上 | 器械運動 | 表現 | 水泳 |
| 学年： | 低学年 | 中学年 | 高学年 | 視点： | 競争 | 共創 |

この教材の魅力！

　フラフープを用いた教材です。腰を基本にいろいろな部位フラフープを回し，スキルアップしていきます。回す部位を腰だけに限定せずに，足首・腕・手首など様々な部位で回すことで，苦手な子でも参加できるところもこの教材の持つ強みです。

　「チームチャレンジ」は，3人チームで行うゲーム。レベルごとに分けられたくじ引きでランダムに技を決定し，成功したらポイントがもらえるゲームです。

　チームで取り組ませることで，高得点を出すためにみんなでオリジナル技を考えたり，友達にアドバイスしたりする姿が増えます。簡単な動きを組み合わせることによって難易度の幅が広がり，誰でも参加しやすい教材になることでしょう。

手首回し

腕回し

足回し

腰回しを発展させて…片膝立ち腰回し

単元の流れ（4時間程度）

目標 互いの動きを調整して，オリジナル技をつくろう！

- 腰を基本に，いろいろな部位で回してみよう → **いろいろな回し方に挑戦しよう！** ← 技表から選択する
  ↓
- チームで戦略を練り，技のコツを交流 → **チームでチャレンジ①** ← 誰がどこで試技する？
  ↓
- 前回よりも得点を増やす方法を考える → **チームでチャレンジ②** ← やった！前より増えた！
  ↓
- やってやるぞ～！ → **みんなで考えたオリジナル技にチャレンジ！** ← よし！できた！

指導のコツ！

チーム分け
　チームチャレンジはチーム分けが肝心。得意な子・苦手な子がバランスよく分けられていた方が盛り上がります。

　難易度が高い技がうまくできた時には拍手で盛り上げましょう。

　また，クラスの子が考えたオリジナル技や組み合わせ技はクラスで積極的に取り組みましょう。おもしろ技やびっくり技が出ると盛り上がります。

ミーティングタイム
　チームチャレンジに挑む際に，誰がどのレベルを担当するのかといった打ち合わせが重要です。各々が担当するレベルの技を完璧にできるように，チームでコツを教え合ったり，単元の後半には，自分たちのできる技と動きを組み合わせたオリジナル技を考えさせたりして，みんなで取り組ませましょう！

レベル例

レベル1
手首回し（前回し・後ろ回し）
腕まわし（前回し・後ろ回し）

レベル2
足回し　お腹回し
片足立ち回し

レベル3
回しながらジャンプ（1回以上）
歩き回し　片膝立ち回し

盛り上げテクニック

発展技…技表に載っている技に，何か動作を組み合わせると…

片足で立って目をつぶって利き手と逆で

両ひざ立ちで立った状態から両ひざ立ちへは至難の業!!

盛り上げるひと工夫

複数のフラフープを…みんなで何点か決めてもOK！

おもしろ技が出た時はみんなで「これ何点にする？！」

ポイント!!　合言葉は「チームで達成するために！」助け合って，目指せ高得点！みんなで楽しく，いろいろなオリジナル技を！

3 なわとびバトル
～スペシャル技を磨こう～

| 領域： | 体つくり | ゲーム | 陸上 | 器械運動 | 表現 | 水泳 |
| 学年： | 低学年 | 中学年 | 高学年 | 視点： | 競争 | 共創 |

この教材の魅力！

　本教材では，短なわを用いて，自分の技と相手の技を競い合います。点数表に示された技を選択して，相手とバトルします。難しい技は得点も高いですが，当然難易度も上がります。どの技で勝負するのかが勝負の大きな分かれ目となります。

　ただ学習カードを用いて技を追究するのではなく，「この技をマスターしたい！」という願いも増すことでしょう。またチーム戦で行うことで，チームとしての戦略やチーム内での教え合いもでてくるでしょう。

　難易度の高い技をできる子が，いつもヒーローになるとは限りません。堅実にこれまで練習してきた技を成功させたことにより，逆転現象が起こることもよくあります。運動が苦手な子にもスポットが当たる。この教材の持つよさです。

よし！今日は3点に挑戦だ！

やったー！成功したぞ！

単元の流れ（5時間程度）

目標 互いの動きを調整して，オリジナル技をつくろう！

個人戦でおこなう → **なわとびバトルをやってみよう！** ← 技表からマスターしたい技を選択

↓

チームで戦略を練り，技のコツを交流 → **技の選択＆マスター！**

↓

チーム戦でバトルしよう！ ← 得意技や勝負技などどれを出すのか話し合う

↓

緊張感に打ち勝って，さぁバトル！ → **なわとびバトル大会を開こう！** ← 大会をみんなで盛り上げる

20

指導のコツ！

緊張感ある対戦形式

「いつもはできるはずなのに，失敗してしまった」こんなことがたくさん起こります。この悔しさが次への意欲へとつながります。

審判をたて，最初は「お願いします！」最後は「ありがとうございました！」の挨拶もおこない，緊張感ある対戦を盛り上げていきましょう。

作戦会議

チーム戦でおこないます。勝つために，どの順番で登場するのか，どの技を出すのか，戦略，作戦が重要です。時には，ゲームの状況に応じて，変更を迫られる場面も出てくるかもしれません。

授業において，そんな会議の場を意図して設けましょう。

得点表　　一例です。実態に合わせて作成しましょう。

1点	2点	3点	4点	5点
グーパーとび10回	かけ足とび20回	あやとび20回	二重とび10回	二重とび20回
グーチョキとび10回	あやとび10回	交差とび20回	後ろ二重とび5回	後ろ二重とび10回
後ろとび10回	交差とび10回	後ろあや10回	後ろあや20回	はやぶさ10回
けんけん10回	けんけん20回	後ろ交差10回	後ろ交差20回	とんび10回
かけ足とび10回	かけ足とび20回	二重とび5回		三重とび5回

次はどの技にしようか！？

盛り上げテクニック

コンビで行う

どちらかが失敗しても点数にならない！

順番に跳びます。両方成功で得点！

連続技

一人で，連続技をします。すべて成功して得点！

チームみんなで連続技。みんなが成功したら得点！

ポイント!! 対戦形式を取り入れることで，互いに高め合う関係に！
技を選択できることで，どの子もヒーローになるチャンス！

4 セレクトすごろく
～運も味方に～

| 領域： | 体つくり | ゲーム | 陸上 | 器械運動 | 表現 | 水泳 |
| 学年： | 低学年 | 中学年 | 高学年 | 視点： | 競争 | 共創 |

▶ この教材の魅力！

　本教材は，3つのカテゴリー（マット・ボール・いろいろ）ごとに用意されたメニューの中から，「自分たちにできる技」をセレクトし，自分たちのグループでオリジナルすごろくを作っていく教材です。メニューには，みんなで取り組まなければならないものが多く載っているので，協力する必然性が生まれ，教え合う姿が活発になります。またグループのことを考えてみんなですごろくを作ることで，仲間を思いやる気持ちも高まります。

　サイコロの目によっては，何度もゴール手前ではじき返されてしまったり，チャレンジに失敗したことが幸いしてゴールできたりといった運の要素が授業を盛り上げてくれます。「またこの技かー！」「もう7回目だー！」と楽しむ姿が見られることでしょう。

★ルール

- 教師がサイコロを転がす。止まったマス目の技に取り組む。
- 4人～6人グループで行う（2人技でも全員取り組む）。
- 全員成功が条件！　失敗したら進めない。サイコロを振る前のマスに戻る。
- ゴールするにはぴったりの数字が必要（余った分はね返る）。
- ゴールしたら，グループのみんなでハイタッチ！

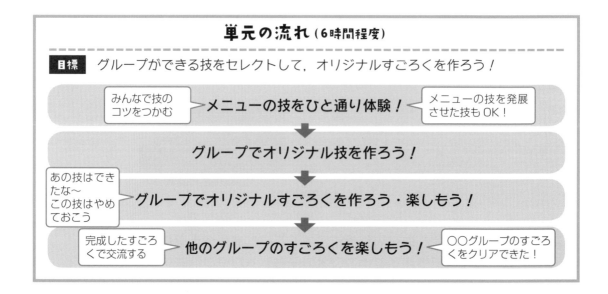

指導のコツ！

メニュー例

メニューに何を入れるかが重要になり，下の表はあくまでも例です。クラスの子どもの実態に合わせて，簡易化したり，オリジナル技をどんどん足していったりしながら，楽しく授業を進めていきましょう。

〈ボール系〉
・ボールわたし
　（頭上・股の間・横）
・輪になってバウンドキャッチ
・体の周りで回す
　（胴・顔・足）
・はさんでムカデ競争
・背中同士でボールを挟んで立つ

〈マット系〉
・背中合わせで立つ（〇人で）
・腕を組んだ状態でゆりかごをして立つ
・カエルの足打ち
・カエル逆立ち
・手押し車
・人間トンネル（ブリッジをくぐる）

〈いろいろ〉
・なべなべそこぬけ
・まねっこランニング
・馬とび
・フープ送り
・足首持ち立ち

技紹介

バウンドキャッチ

背中合わせで立つ

足首持ち立ち

はさんでムカデ競争

人間トンネル

ゆりかご

すごろくシート（例）

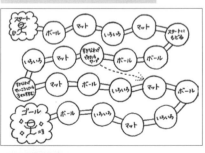

「同じ技は〇回まで！」などの工夫もOK！
おもしろマスを入れると盛り上がる！

まねっこランニング

ポイント!! すごろくのゲーム性を楽しみながらグループで協力！
他のグループのすごろくはどんどん取り組ませて共有しよう！

5 フープランド
～最後はみんなで～

| 領域： | 体つくり | ゲーム | 陸上 | 器械運動 | 表現 | 水泳 |
| 学年： | 低学年 | **中学年** | 高学年 | 視点： | 競争 | **共創** |

この教材の魅力！

　本教材は，フラフープを用いた6つの技に，仲間と上手く協力しながら挑戦します。仲間と挑戦することで，グループの中で教え合う姿が見られることでしょう。

　小グループで技を習得したら，その中から2つ〜3つを選び，クラスのみんなで選んだ曲に合わせて練習します。その後，技をつなげ，曲に合わせてグループごとに発表していきます。見せ方を意識させることでオリジナル技へと発展していきます。

　このように小グループから全員へ。クラス全員で創っていくことが単元の目標です。単元の最後，発表会が終わった時に，みんなで一つの発表を創ることができたぞという満足感と達成感でいっぱいになるでしょう。

①みんなでフープアップ　　　　　　　　　　　②みんなでくるくる

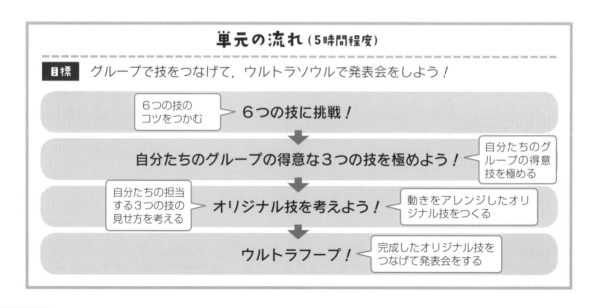

指導のコツ！

6つの技のコツを交流

曲を使用することで，気分が盛り上がります。またタイミングが合わせやすくなる，リズミカルな演技ができるといったよさがあります。クラスの子どもたちと一緒に選曲することが大切です。

まずは，技のコツをつかませることが大切です。できるレパートリーが増えることで，演技の幅が広がります。

> 6つの課題（技）
> ①みんなでフープアップ
> ②みんなでくるくる
> ③みんなでとびぬけ
> ④みんなでとびこし
> ⑤みんなでフープ送り
> ⑥みんなでジャンプフープ

③みんなでとびぬけ

④みんなでとびこし　バックスピンをかけて

⑤みんなでフープ送り

⑥みんなでジャンプフープ

跳び方やポーズの工夫もOK！

上記の6つの技はあくまで基本形なので，グループで考えたアレンジ（向きを変える，ほかの動きと組み合わせるなどの工夫）は，どんどんほかのグループに発信していきましょう。いろいろな意見が出せる安心感に溢れる雰囲気づくりができれば，いい案がたくさん出てくるはずです。

技だけでなく，合間のキメポーズや掛け声などもOKにすることで，より盛り上がることでしょう！

「みんなでとびこし」輪の中に入らずピョン！

声を出すところは全力で！クラスみんなで叫んでOK！

ポイント!! おもしろい工夫や自分たちで開発した技はどんどん盛り込もう！みんなで創ることが大切！　全員で1つのものを創る楽しさを！

第2章　領域別で選べる！盛り上がる「教材アイデア」全部紹介！

6 ８＆６
～オリジナル技を開発しよう！～

| 領域： | 体つくり | ゲーム | 陸上 | 器械運動 | 表現 | 水泳 |
| 学年： | 低学年 | 中学年 | 高学年 | 視点： | 競争 | 共創 |

▶ この教材の魅力！

　本教材では，長なわを用いて，「８＆６」と称した跳び方（身体のひねりが90度までの８つの抜け技と身体を360度ひねる６つのターン技）とそれらを仲間と組み合わせて跳ぶことに挑戦します。

　１人で挑戦するのではなく，より多くの仲間とタイミングやリズムを合わせるために，なわの回し方を調整したり，跳ぶことを合わせたりすることが必要となる（共創）課題を準備します。これらの技にはコツが隠されています。そのコツを仲間とともに探っていきながら，オリジナル技を創っていくことが単元の目標となります。みんなで技を完成させた時には笑顔が広がります。

楽しいポーズで盛り上がります！

どんな跳び方があるかな？

単元の流れ（5時間程度）

目標 互いの動きを調整して，オリジナル技をつくろう！

- みんなで８＆６のコツをつかむ → **８＆６をマスターしよう！**
- ↓
- **８＆６を組み合わせた技にチャレンジしよう！** ← 複数名で同時に跳ぶ技にチャレンジ！
- ↓
- 視点：組み合わせ方，タイミング，ポーズなど → **オリジナル技を考えよう！** ← これまでの学習を想起して新しい技をつくる
- ↓
- **みんなのオリジナル技で楽しもう！** ← 完成したオリジナル技で交流する

指導のコツ！

8＆6のコツを交流

基本8パターン，リターン6パターン（右表）には，縄に入るタイミングや身体のひねり方，ジャンプの仕方などコツが存在します。まずは，そのコツをみんなで発見し合いましょう！

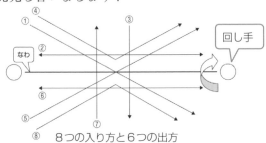

8つの入り方と6つの出方

基本8パターン		
①	かぶりとび	ななめ抜け
②	かぶりとび	平行抜け
③	かぶりとび	直角抜け
④	かぶりとび	クロス抜け
⑤	むかえとび	ななめ抜け
⑥	むかえとび	平行抜け
⑦	むかえとび	直角抜け
⑧	むかえとび	クロス抜け

リターン6パターン		
A	かぶりとび	ななめリターン
B	かぶりとび	平行リターン
C	かぶりとび	直角リターン
D	むかえとび	ななめ抜けリターン
E	むかえとび	平行リターン
F	むかえとび	直角リターン

入るところと出るところが同じ

跳び方やポーズの工夫もOK！

技の組み合わせだけではなく，跳ぶ際の跳び方（両足跳び，かけ足跳びなど），決めポーズなども考えてOKにすることでより楽しく活動できるようになります！

盛り上げテクニック

縄を増やす

2本，3本と増やすことで技のバリエーションも広がります！

縄の並べ方ひとつで，さらに盛り上がります！

人数を増やす

手をつなぐ，肩を組む，電車つなぎ，広がる工夫！

3人同時，4人同時と難易度を増していきます！

ポイント!! 縄の数の変化，人数の変化でさらに盛り上げよう！
縄の変化の組み合わせの技では，自由な発想を称賛しよう！

7 シュートボール
～たくさんシュートしよう！～

領域：	体つくり	ゲーム ゴール型	陸上	器械運動	表現	水泳
学年：	低学年	中学年	高学年	視点： 競争	共創	

この教材の魅力！

　本教材の特徴は，ゴールの形状を360度に設定し，ゴール付近のどこからでもシュートを打てることです。単元の前半は攻守を交代し，後半は攻守入り交じって行うことで，子どもたちがたくさんシュートできる機会を保障しています。また，守備側の行動範囲を限定し，苦手な子どもも安心してシュートが打てます。シュートボールⅠは，全員がシュートの経験を味わえるよう，ボールゾーンを設定し，時間内なら何度でもボールを取りに行きシュートをすることができます。シュートを繰り返す中で，得点の決まりやすい守備者との位置関係を学習できます。シュートボールⅡでは，1つのボールでゲームをします。守備がいないところからシュートを打つために，味方にボールを投げたり，ボールを捕ったり，止めたりすることで，チームで協力してボールをつなぎ，得点することを学習できます。

★ルール

シュートボールⅠ	シュートボールⅡ
・攻撃4人，守備2人。 ・4分で攻守交代。 ・ボールを的に当てたら得点。 ・ボールは，ソフトハンドボール。 ・ボールがコート外に出るまでは，マイボールを拾ってシュートし続ける。 ・ボールがコート外に出た場合は，ボールゾーンに新しいボールを取りに行くことができる。 ※コート外に出たボールはチームメイトが拾いに行き，ボールゾーンに置く。	・攻撃4人，守備4人 ・守備ゾーンには2人までしか入ることができない。 ・相手のボールをカットしたり，ルーズボールを拾ったりしたら攻守交替。 ・得点が決まったら，センターラインからリスタート。 ・サイドやエンドラインからボールが出た場合は，相手ボールからリスタート。 ・ボールを持っての移動はOK。

盛り上げテクニック

的を変える！

より大きな的を設定することで，苦手な子どもも得点できる！

難しい的を設定することで，得点した時の喜びアップ！

得点の爽快感！2点ポイントを設定！

自然と段ボールの真ん中をねらうことでシュートが正確に！

粘土などで中に重りをつけ，段ボールが倒れやすいような工夫も可！

> **ポイント!!** 的や得点に変化をつけて，さらに盛り上げよう！
> チームメイトへの励ましの声や，ルールを守る姿を称賛しよう！

8 コロコロボール
～たくさんつないでシュートしよう！～

領域：	体つくり	ゲーム ネット型	陸上	器械運動	表現	水泳
学年：	低学年	中学年	高学年	視点：	競争	共創

▶ この教材の魅力！

　本教材は，ボールを空中にはじいたり，キャッチしたりせずに，転がしてゲームを行います。ボールを転がすことで，技能の簡易化を図り，ネット型の醍醐味であるチームでボールをつなぐ楽しさを経験することができます。

　また，アタックに有効なエリアをチャンスゾーンとすることで，どこからアタックすれば得点になりやすいかを子どもたちにわかりやすくしています。単元を通して，チャンスゾーンに焦点を当てて学習を進め，ネット型教材の特徴である，レシーブ，トス，アタックなどの，自陣で組み立てる役割を理解することができます。

　チャンスゾーンからアタックを打ちたい。チャンスゾーンまでボールをつなげたい。子どもたちから自然と湧き出るゲームへの願いを大切にして授業を行っていきます。

　本教材は，攻撃と守備の陣地が分かれているので，相手に邪魔をされることがありません。ボール運動が苦手な子どもも含め，全ての子どもたちが安心してゲームに取り組み，つないで得点する喜びや，チームでの達成感を味わうことで盛り上がる教材です。

単元の流れ（8時間程度）

目標 チャンスゾーンからたくさんアタックして得点しよう！

- ［ゲームの行い方を知る］ コロコロボールをやってみよう！
- チャンスゾーンからアタックしよう！（3時間）〔人のいないところをねらう〕
- ［自陣での組み立てを考える］ チャンスゾーンへボールをつなごう！（3時間）
- コロコロボール大会！〔チームで作戦を考えてゲームを行う〕

★ルール・コート図

- 1ゲーム6分で行う。
- ソフトバレーボールを使用。
- バドミントンコートを使用。
- ボールはネットの下を通す。
- ボールを手ではじいて転がしてゲームを行う（片手，両手，グー，パーどんなはじき方もOK）。
- ボールを転がして4つのコーンの間を通せば得点。
- サーブはチャンスゾーン以外ならどこからでもOK（両手で転がす）。
- チャンスゾーン内でのブロックは禁止。
  ※第一触球をチャンスゾーン内で行うことはできない。
- 一度の攻撃で1人一度触球できる。

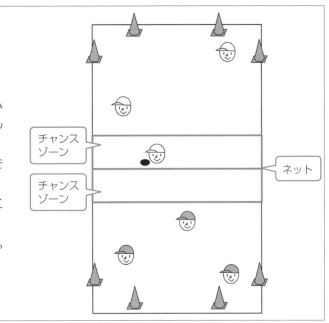

盛り上げテクニック

得点アップを設定！

難易度の高い奥のコーンの間は＋2点！

全員が得点できたら＋2点！帽子の色で得点者がわかる

コート図や映像を使用する！

2次元で行われるゲームだからこそ，コート図が有効！

得点に結びつく動きや，強いアタックの打ち方など，子どもの動きを取り上げます！

ポイント!! 得点に変化をつけて，どの子どもも得点達成！
攻守が分かれているからこそ，低学年でも作戦会議が盛り上がる！

9 けり×2ボール
～たくさん回って得点しよう～

領域：	体つくり	**ゲーム** ベースボール型	陸上	器械運動	表現	水泳
学年：	**低学年**	中学年	高学年	視点：	**競争**	共創

この教材の魅力！

　本教材のよさは，コートのどこにどのようなボールをければ得点になりやすいかがわかることです。低学年では，バットやグローブなどの用具を操作することが難しく，なかなか意図的な攻撃をすることができません。この教材では，おおよそねらった方向へボールをけるということを通して，ボール操作の苦手な子どもも得点や勝利の喜びを経験することができます。また，得点をコーンの往復に設定することで，走塁の思考を簡易化し，どの子どもも得点する喜びを味わうことができます。

　低学年のボール運動では，たくさんの子どもがゲームに参加できる工夫が必要です。本教材では，フープを置く位置，攻撃前にスタンバイする位置など，守備側にも思考を働かす部分がたくさんあります。

　全員がフープに入ればアウトというルール設定にしているので，守備側全員が，自分がどのように動けばよいか考え，みんなでアウトにしたという喜びを味わうことができます。

　攻撃側も守備側も，一つのボールの行方を見て，得点によって盛り上がることができるゲームです。

単元の流れ（8時間程度）

目標 人のいないところをねらってたくさん得点しよう！

- ゲームの行い方を知る → けり×2ボールをやってみよう！
- 守備の位置，フープを見て作戦を考える → 思いきりボールをけろう！（3時間） ― おおよそねらった所へボールをける
- たくさん得点できそうなところをねらおう！（3時間）
- けり×2ボール大会！ ― 学習したことをいかして大会を行う

★ルール・コート図

- 攻撃は，順番に1人ずつボールをけっていく。
- ボールをけった人は，コーンの間を往復する。1往復で1点，アウトになるまで何度でも往復することができる。
- 守備は，ボールを拾って近くのフープの中に入る。
- ボールを保持していない人は，ボール保持者の後ろに並びにいく。
- 全員が並んだ時点でアウト。
- フープの位置は，攻守交替の時に自由な場所に置くことができる。

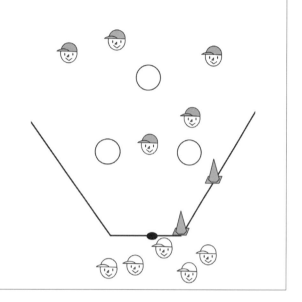

盛り上げテクニック

楽しみながら，ける経験を確保！

相手のいないところをねらって思いきりキック！

段ボールを用意し，楽しみながらける技能を経験！

時間内なら，自陣のボールを拾って，何度でも相手コートへけり返すことができる！

攻撃の人数を増やして得点アップ！

2人でどこにけるか相談して攻撃！

ポイント!! 思いきりける！ねらってける！楽しみながら技能向上！人数を増やすことで思考力を高める！

第2章 領域別で選べる！盛り上がる「教材アイデア」全部紹介！

10 ラインボール
～どこに動いてシュートする？～

領域：	体つくり	**ゲーム　ゴール型**	陸上	器械運動	表現	水泳
学年：	低学年	**中学年**	高学年	視点：	**競争**	共創

▶ この教材の魅力！

　本教材の特徴は，相手陣地のエンドラインとサイドラインの外側にラインマンを設定していることです。ラインマンを有効に活用することで，ボールを運ぶ中盤エリアの技能が簡易化され，シュートの局面がたくさん生まれます。

　単元を通して，ラインマンの動き方に注目することで，速攻が生まれ，ゴール型の醍醐味である得点の喜びをだれもが味わえるのがこの教材のよさです。

　また，ボール運動が盛り上がるためには，ゲームに参加していない子どもの，主体的なチームメイトへのかかわりがとても重要になってきます。攻撃に特化したラインマンは，各々の役割が明確であり，具体的なアドバイスがチーム内から生まれます。

　「チームメイトのアドバイスでどのように動けばよいかわかった」「自分のアドバイスでチームメイトが得点できた」

　こういった，競争から生まれるゲームに主体的にかかわろうとする姿を授業で取り上げていくことで，ゲームが一層盛り上がります。

単元の流れ（8時間程度）

目標 ラインマンと協力して得点しよう！

- ゲームの行い方を知る → **ラインボールをやってみよう！** （素早い攻撃を生み出す）
  ↓
- **ラインマンがどのように動けばよいか考えよう！（3時間）**
  ↓
- **ラインマンを使ったチームの作戦を考えよう！（3時間）**
  ↓
- リスタートを素早くし，攻撃と守備にメリハリを生み出す → **ラインボール大会！** （チームの特徴に応じてゲームを行う）

34

★ルール・コート図

- 1試合3分で行う。
- ソフトハンドボールを使用。
- 5 vs 5
  フィールドプレーヤー2人
  ※ゴールエリアに入ることができるのは1人。

ラインマン3人
※ラインマンは反対の陣地（守備側）に入ることができない。
ラインマン同士のパスはできない。
ボールを持って歩くことはできない。

- コート中央からスタート。
- ドリブルはなし。
- シュートはフィールドプレーヤーのみが打てる。
- 得点が入ったときはエンドラインからリスタート。
- ボールがコート外に出たら相手ボールからリスタート（リスタートはフィールドプレーヤー，ラインマンどちらがボールを投げ入れてもよい）。

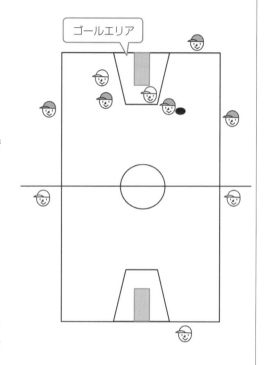

盛り上げテクニック

兄弟チームやライバルチームを設定！

お互いのよい所を助言し合う！
同じ相手と試合を繰り返す中でチームの特徴がわかる！

パスの名人を目指す！

楽しみながらたくさんのパスを経験し，メインゲームに自信を持って臨むことができる！

ポイント!! チーム同士の勝敗にこだわらず，他チームの成長を喜べる関係に！
簡単な技能の保証をし，子どもの自信と主体性をアップ！

11 アタックチャンスバレー
～アタックチャンスを獲得して得点しよう～

領域：	体つくり	ゲーム ネット型	陸上	器械運動	表現	水泳
学年：	低学年	中学年	高学年	視点：	競争	共創

この教材の魅力！

「アタックチャンスバレー」は，自陣での組み立てを意図的に行いやすくしたネット型の教材です。相手からのボールをレシーブした後の2人目は，ボールをキャッチして自由に移動してトスを上げることができます。これが「アタックチャンス」です。直接相手への返球の機会（チャンス）につながることのお得感のことを指しています。したがって，得点した時に「みんなでボールをつないで得点することができた」，「アタックチャンスを何度も獲得して，ゲームに勝てた」と"つなげる必然性"を感じることができるとともに，"ラリー"が続くことによる，攻防の面白さを子どもに味わわせることができます。

「アタックチャンス」を獲得することで相手コートへの返球のための技能と思考を高められることがこの教材の持つよさです。

みんなで力を合わせてアタックチャンスをつくるぞ！

さあ！アタック決めるぞ！

単元の流れ (8時間程度)

目標 アタックチャンスを獲得して得点しよう！

アタックチャンスバレーをやってみよう！ ← ルールをしっかり理解しよう！

↓

どうすればアタックチャンスをつくれるかな？ → アタックチャンスを獲得しよう！（3時間）

↓

アタックチャンスを使って得点しよう！（3時間） ← アタックチャンスを使って相手が取りにくいアタックをしよう！

↓

アタックチャンスバレー大会！

★ルール・コート図

- ボールはビーチバレーボール50g。
- コートはバドミントンコートを使用。
- ネットの高さは160cm（児童の実態に応じて）。
- 3人対3人（得点時にローテーションする）。
- 3回以内で返球する（同じ人が2回触るのはなし）。
- サーブは下から投げ入れる。
- 1人目はノーバウンドレシーブ，2人目はキャッチ。キャッチした児童は移動して好きな所からトスを上げてよい（「アタックチャンス」下図）。

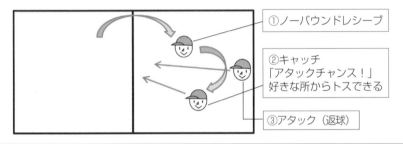

盛り上げテクニック

はじく技能を高めるドリルゲーム

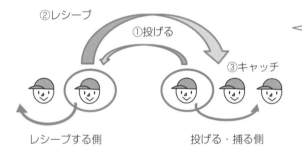

- 投げる・捕る側と，レシーブする側に分かれて行う
- 投げられたボールをレシーブ側の子がはじき，投げた後ろの子が取れれば1点
- これを1分間，役割を入れ替えて1分間の合計2分間行い，何点取れたかを競う

ネット

160cm

山なりの返球が多くなってラリーが続きやすいように高さを調整しよう

ボール

滞空時間が長くなります

ポイント!! 相手の守備が整わないうちに，自陣で素早く組み立ててアタックチャンスを獲得すれば，得点のチャンスに！

12 ランニングベースボール
～思いきり打って走って得点しよう～

| 領域： | 体つくり | ゲーム ベースボール型 | 陸上 | 器械運動 | 表現 | 水泳 |
| 学年： | 低学年 | 中学年 | 高学年 | 視点： | 競争 | 共創 |

▶ この教材の魅力！

　子どもたちにとって，ベースボール型のボール運動は難しいものです。ルールが複雑だったり，ボールをバットもしくはその他の道具を使ってボールを打つことや打球をとることの技能であったり，どこまで進塁するのかであったり，どこでアウトをとるのかといった判断であったり…。

　本教材はルールの複雑さや技能の難しさを緩和し，子どもたち誰もがベースボール型の運動を楽しんで学べるようにしたものです。「思いきり打って，思いきり走って，得点する」というベースボールの楽しさを存分に味わうことができることがこの教材の持つよさです。

ラケットでより打ちやすく

単元の流れ（8時間程度）

目標 どこに打てば得点しやすいか考えよう！　どのように守れば得点されにくいか考えよう！

ランニングベースボールをやってみよう！ ← ルールをしっかり理解しよう！

↓

どこにどのように打てばよいのかな？ → ランニングベースボール①（3時間）

↓

ランニングベースボール②（3時間） ← どこでアウトにするか素早く判断しよう！

↓

ランニングベースボール大会！

38

★ルール・コート図

・5人対5人，打者1巡制，ノーバウンドでとってもアウトにならない。
・ラケットを使用，ボールは新聞紙を丸めてガムテープなどで巻いたもの。
・塁間は10〜15m
【攻撃側】
・三振はなし。
・味方からトスされたボールを打ち，アウトになるまでダイヤモンドを走り続ける。
・ベースを1つ踏むごとに1点ずつ得点が加算される。
　2周目，3周目もあり。
【守備側】
・ランニングベースボール①ではホームコーンにボールを運んで全員で「アウト！」を宣言すればアウト。
・ランニングベースボール②では走者がホーム〜2塁の間なら2塁コーンで，2塁〜ホームの間ならホームコーンで3人そろって「アウト」を宣言すれば，アウトにできる。

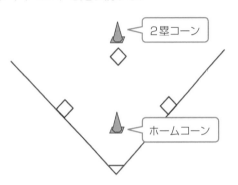

2塁コーン

ホームコーン

ゲーム

盛り上げテクニック

ラケット

ボールを捉えやすいように，バドミントンラケットかテニスラケットを使用する

練習用ボール

スーパーボールを2, 3枚の新聞紙でくるんでガムテープで巻いて作ろう！　たくさんあると便利

ボールトスの工夫「はい，どーぞ」

はい，
打者にボールをしっかり見せる

どー
ボールを後ろに引く

ぞ！
ボールをトスする

ポイント!!　打者とトスのペアを固定して打ちやすいトスを見つけよう！
守備はどこでアウトにするのか，全員で声をかけ合って判断しよう！

第2章　領域別で選べる！盛り上がる「教材アイデア」全部紹介！　39

13 どこから？ゴール
～どこに動いてゴールする？～

| 領域： | 体つくり | **ゲーム** **ゴール型** | 陸上 | 器械運動 | 表現 | 水泳 |
| 学年： | 低学年 | 中学年 | **高学年** | 視点： | **競争** | 共創 |

この教材の魅力！

　本教材の特徴は，ボール運動でのゴール前の局面での判断の難しさを緩和するために，単元途中でゴールの形状を変えることです。

　単元前半では縦長のゴールを設定し，両サイドに攻めやすい空間を十分にとります。「サイドから打てない時は攻めやすい逆サイド」というシンプルな判断の中で攻防が展開されます。

　単元後半では横長のゴールを設定し，中央に攻めやすい空間を十分にとります。そのため，ゲームの様相は正面での攻防が中心となり，正面でシュートが打てない時の判断が「どちらのサイドなのか」となり，判断を選択する場合が生まれます。

　判断を選択肢のないものから選択肢のあるものに段階を踏んで変えていくことで，子どもたちの思考判断力を高めていけることがこの教材の持つよさです。

単元前半：サイドでシュートできない

単元後半：正面でシュートできない

単元の流れ（8時間程度）

目標 得点するための方法を考えよう！

- ルールをしっかり理解しよう！ → どこから？ゴールをやってみよう！
- 縦長ゴールでやってみよう！（3時間） ← どちらのサイドがあいているかな？
- 緊張感に打ち勝って，さぁバトル！ → 横長ゴールでやってみよう！（3時間）
- どこから攻めると得点しやすいかな？ → どこから？ゴール大会！

★ルール・コート図

- 4対4（キーパー1名・ポストマン1名を含む）
- コートはバスケットコート，ゴールはとび箱を使用し，とび箱に当てるかとび箱の間をボールが通れば得点とする。
- 1試合3分。
- ポストマンは相手陣内のゴールエリアを除くエリアのみプレーすることができる(守備はできない)。
- キーパーは相手ボールの時はゴールエリア内でしかプレーできない（味方ボールの時は自陣内でのみプレーできる）。
- ドリブルはなし。
- 守備者は相手がボールを保持している時は，取りにいけない(ボールが相手の手から離れた場合は取ってよい)。
- リスタートはスローインで行う。
    - ゴールラインをアウト→アウトした場所の外から
    - 得点後→キーパーがゴールエリア内から
    - アウト→相手ボールでアウトになった場所から

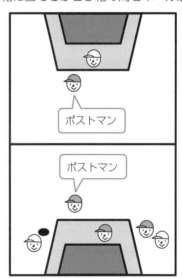

盛り上げテクニック

ボール

握りやすいように少し空気を抜いておきます

1 vs 1

キーパーと1対1なら積極的にゴールをねらおう！

ゴール

縦長ゴール

横長ゴール

横長ゴールでは，跳び箱と跳び箱の間をボールが通り抜けたことがわかるように，テープでのれんをつくっておくとゴールの爽快感が増します

ポイント!!　縦長ゴール→守備のいないサイドを素早く判断！
　　　　　　横長ゴール→守備がいない場所を素早く判断！ 攻守の切り替え！

14 チャンピ4バレー
～落とさずつないで得点しよう！～

領域：	体つくり	**ゲーム** ネット型	陸上	器械運動	表現	水泳
学年：	低学年	中学年	**高学年**	視点：	**競争**	共創

▶ この教材の魅力！

　「チャンピ4バレー」は，ネットで区切られたコートで，相手と得点を競うゲームです。ネット型ゲームの特性である自陣でのミスが相手の得点に直結するということから，本教材ではボールを落とさず相手陣地に返球するための技能や，自分のチームの特徴に合った動きを考えながら，チームで攻防を組み立てることが大きな楽しさです。

　本教材では，単元を2つに分けて進めていきます。単元前半では自陣での失点を無くすための「技能の習得」をめざし，後半では，より多くの得点をするために，自分のチームはどうすればよいのかといった思考面を学習していきます。ボールを落とさずに組み立てる技能と得点するための思考を高められることがこの教材の持つよさです。

単元の流れ（8時間程度）

目標 アタックチャンスを獲得して得点しよう！

チャンピ4バレーをやってみよう！ ― ルールをしっかり理解しよう！

↓

自陣でどのように組み立てれば返球しやすいか考えよう！ → チャンピ4バレー①（3時間）

↓

チャンピ4バレー②（3時間） ― より多く得点するための動きを，チームで考えよう！

↓

チャンピ4バレー大会！

★ルール・コート図

- 1チームを5～6人で構成。
- コート内は4対4。得点，失点のたびにメンバーはローテーションする。
- 自陣内でボールを落とさず，4回以内で返球する（同じ児童が続けて触ることは禁止とする）。
- 試合時間は4分。
- ラリーポイント制。
- サーブ権は得点した側に与えられる。
- サーブは下投げで行う。ただし，相手陣内のアタックラインより後ろに投げ込まなければならない。
- ボールはビーチバレーボール100g
- ネットの高さ
    チャンピ4バレー①→190cm
    チャンピ4バレー②→170cm
- コートはバドミントンコートを使用する。
- アタックラインはネットから2～3m程度離れたところに設定する。

盛り上げテクニック

はじく技能を高めるドリルゲーム

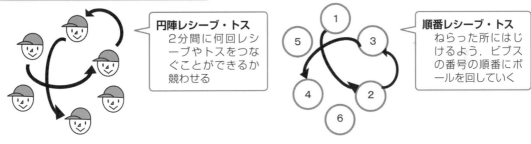

円陣レシーブ・トス
2分間に何回レシーブやトスをつなぐことができるか競わせる

順番レシーブ・トス
ねらった所にはじけるよう，ビブスの番号の順番にボールを回していく

ネットの高さ

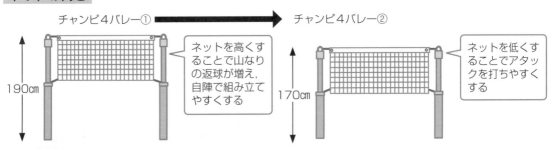

チャンピ4バレー①　→　チャンピ4バレー②

ネットを高くすることで山なりの返球が増え，自陣で組み立てやすくする

ネットを低くすることでアタックを打ちやすくする

ポイント!! 単元前半では，ボールをどのように弾いてどこに動けばよいかを考えよう！ 単元後半ではブロックを外すための工夫を考えよう！

15 セレクトベースボール
～進む？止まる？どこでアウトにする？～

領域：	体つくり	ゲーム ベースボール型	陸上	器械運動	表現	水泳
学年：	低学年	中学年	高学年	視点：	競争	共創

この教材の魅力！

　バットを思いっきり振ってボールを打つ。一度経験したことがある人なら，この爽快感は忘れられないものではないでしょうか。加えてベースボール型ではどこまで進塁するのか，どこでアウトをとるのかといった判断に楽しさがあります。しかし，打つ技能や進塁，アウトベースの判断は，高学年の児童といえども難しいものです。また経験のない子どもにとってはルールを理解することも大変です。

　本教材は，ルールや道具を簡易化することで誰もが楽しめる教材となっています。その安心感のもと，ボールを打つ技能，走塁と守備の判断に焦点をあてて学習を進めていきます。

バットで打ってみよう

単元の流れ（8時間程度）

目標 どこに打てば得点しやすいか考えよう！　走塁と守備の判断のポイントを考えよう！

セレクトベースボールをやってみよう！ ― ルールをしっかり理解しよう！

↓

どこに打てば得点しやすいか考えよう！ ― セレクトベースボール①（3時間）

↓

セレクトベースボール②（3時間） ― どこまで進むか，どこでアウトにするか，素早く判断しよう！

↓

セレクトベースボール大会！

★ルール・コート図

- 1チーム5～8人，打者1巡制，ノーバウンドでとってもアウトにならない。
- バットは打撃部分が太いもの，ボールはゴムボール。
- 塁間は15m程度，守備は5人（内野3人・外野2人）。

【攻撃側】
- 三振はなし。
- 味方からトスされたボールを打ち，ベースを1つ踏むごとに1点ずつ得点が加算される。ベースから出ると前のベースには戻れない。アウトになると0点。
- 守備側がアウトの宣言をした時にベース上にいないとアウト。

【守備側】
- セレクトベースボール①では走者がホーム～2塁の間なら2塁のアウトゾーンで，2塁～ホームの間ならホームのアウトゾーンで内野の3人がそろって「アウト」を宣言すれば，アウトにできる。
- セレクトベースボール②ではアウトにしたいベースで3人がそろって「アウト」を宣言すれば，アウトにできる。ただし，始めにボールをとった人はアウトを宣言する3人になれない。

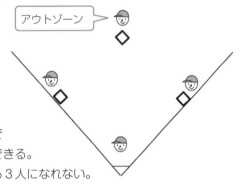

盛り上げテクニック

バット

打ちやすいように打撃部を太くしたものを使用する

練習用ボール

スーパーボールを2，3枚の新聞紙でくるんでガムテープで巻いて作ろう！ たくさんあると便利

バットで打つための技能保証

前に体重をかける

後ろに体重をかけて，体をねじる

最後までしっかりバットを振りきる

ポイント!! 走者はボールの位置と守備の動きを見て，進むか止まるか判断しよう！
守備はどこでアウトにするのか，全員で声をかけ合って判断しよう！

16 ハードル走につながる運動遊び

| 領域： | 体つくり | ゲーム | 陸上 走 | 器械運動 | 表現 | 水泳 |
| 学年： | 低学年 | 中学年 | 高学年 | 視点： | 競争 | 共創 |

この教材の魅力！

　ハードル走につながる運動遊びでは，中学年・高学年の「ハードル走」の動きにつながるように，低学年のうちに速く越えて速くかけぬけるためのスピードとリズムを感覚として身に付けていきます。

　本教材では，障害物をいろいろな高さや，間隔に並べたコースで競争します。競争を入れることによってリズム変化やスピードを調整し，気持ちよく速く走れるコースと気持ちよく走れないコースがあることに気づきます。そして，単元の中にグループで障害物の置き方を話し合い，自由に置き方を変える場面を設定します。そうすることで，障害物の置き方によってはどの児童も対等に争うことができ，コースづくりにもさらにこだわるようになるでしょう。

単元前半：等間隔で同じ高さ
　　　　　自由な間隔で同じ高さ

単元後半：自由な間隔で高さの違う障害物で
　　　　　コースづくり

単元の流れ（5時間程度）

目標 障害物の高さや間隔が変わっても速くかけぬけよう！

- 等間隔で同じ高さのコースを走ろう！
  - リズムよく走れたら気持ちがいいよ
  - 教師がつくったコースで走ってみる

↓

- 自由間隔で同じ高さのコースを走ろう！
  - 間隔が違うと走りにくいことに気づく

↓

- いろんな高さの障害物でコースを作ろう！
  - 高さの違う障害物を置いてコースをつくる

指導のコツ！

教具の工夫

学校や身近にあるものを使って作ります。ハードルの動きにできるだけ近づけるためには，ある程度の高さが必要です。

小型ハードル

牛乳パック5連結

ビート板障害物

障害物の置き方の工夫

> 様々なバリエーションのコースを単元に仕組むことで，等間隔が走りやすいことに気づかせる

盛り上げテクニック

フープ遊び(準備運動)

右に置いてるものには右足，左に置いてるものには左足で正確に素早く足を入れていきます。置き方は自由に変えてもいいでしょう。

ダッシュ遊び

ダッシュ遊び（変形ダッシュ）例
①長座姿勢（前・後）　　②うつ伏せ姿勢（前・後）
③仰向け姿勢（前・後）　④両ひざ立ち姿勢（前・後）
⑤三角座り姿勢（前・後）⑥腕立て姿勢（前・後）
⑦その場ジャンプ1回（前・後）

> スタートの姿勢を変えて運動に取り組むことで，飽きずに意欲的に取り組むことができます

ポイント!! 障害物の高さや間隔を変えて走ることでハードル走につながる「スピード」と「リズム」の感覚を養おう！

17 跳べ！パイナップルジャンプ！

領域：	体つくり	ゲーム	陸上 [跳]	器械運動	表現	水泳
学年：	低学年	中学年	高学年	視点：	競争	共創

この教材の魅力！

　本教材は，子どもたちが遊びで経験したことがあるグリコジャンケンを教材化したものです。「パ・イ・ナ・ッ・プ・ル」のリズムでスタートラインから5回跳び，より遠くに到達することを目指します。片足でケンケンのように跳んだり，両足をそろえてグーのように跳ぶなど多様な跳び方で競い合います。「どの跳び方をすれば遠くまで跳ぶことができるか」と課題を設定し，跳び方によって距離に違いが生じることに気づきます。

　児童にとって身近にある「グリコジャンケン」を教材化することで，スムーズに運動に取り組むことができ，連続で跳ぶことのおもしろさを感じられることができます。

より遠くに跳ぶことに挑戦

単元の流れ (5時間程度)

目標 前方へ遠くに跳ぼう！

パイナップルジャンプをしよう！ ― どんな跳び方があるかな？

↓

どんな跳び方をすれば遠くに跳ぶことができるかな？ ― 遠くに跳ぶ方法を考えよう！

↓

遠くに跳ぼう！ ― 見つけたコツをいかして競争しよう

指導のコツ！

準備運動

決められた幅にケンステップを置き，片足・両足で跳ぶ運動をします。体育館のラインを川に，ケンステップを浮き島に見立てて向こう岸に渡るような見立て遊びにします。単元が進むにつれて，ケンステップの使える数を減らしていくことでケンステップの幅が少しずつ広がり，一回一回が跳躍になり主運動にもつながります。

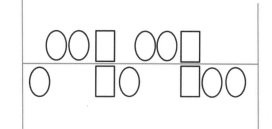

視覚支援として

○のケンステップは片足

□のケンステップは両足

盛り上げテクニック

場設定の工夫

数字で距離を測定しない代わりに，カラーコーンで距離を可視化します。競争の際は，隣り合った人と同時にスタートしますが，記録としては「コーンのいくつ分か」で判断します。また，目標物があることで自分の記録が視覚的にわかり「前の記録を越えたい」という思いを導くことができます。

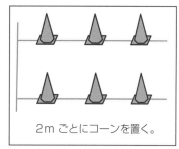
2mごとにコーンを置く。

サイコロで跳び方を決める

サイコロの不確定性を用いて競争します。サイコロの目には児童から出た跳び方が書かれており，出た目に応じて跳び方を変化させて挑戦するようにします。偶然性を取り入れた競争を扱うことで，技能差があっても誰もが意欲的に取り組むことができます。また，片足踏切と両足踏切の違いにも気づくことができます。

> **ポイント!!** 片足や両足で前方や上方に跳ぶ場を経験することで跳の基礎となる動きを身に付けます！

18 ターゲットかけっこ

領域：	体つくり	ゲーム	**陸上 走**	器械運動	表現	水泳
学年：	低学年	**中学年**	高学年	視点：	**競争**	共創

この教材の魅力！

　本教材では，ゲームをすることで，競争を楽しみながらより速く走れることをめざします。ただ単にタイムを競うのではなく，一人ひとりがチームのために，より高い点数を取ろうと取り組みます。走ることが苦手な子でも点数を取ることができるゲームなので，チームの仲間たちと競争を楽しみながら取り組むことができます。子どもたちの「より速く走りたい，より高い点数を取りたい」という思いを実現するために，クラスのみんなでより速く走るためにはどうすればよいかを考えていきます。

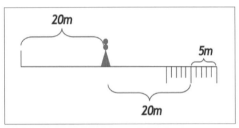

落としやすいように2つ重ねる！

ルール
・4人対4人ぐらいで行う。
・攻守交替で，2（3）回の裏までゲームを行う。ポイントを競う。
・守り側は20m走る。
・攻撃側は相手に応じてスタート位置を決める。
（20mで5点，1m後ろに行くごとに＋1点，1m前に進むごとに－1点）
・よーいドンで攻守同時にスタート。
・先にコーンに乗せてある赤玉を落とすと勝ち。
（攻撃側が勝つとポイントが入る，守備側が勝つと，攻撃側は0点）

単元の流れ（5時間程度）

目標 競争を楽しもう！

ゲームをはじめよう！
　→ ゲームのルールを覚えるとともに，このゲームのおもしろさを探ろう

↓

工夫してもっと速く走ろう！
　← まずは，スタート，次に中間疾走と，よりタイムを縮めるためにどうすればよいか考えよう

↓

自己記録にチャレンジをしよう！
　→ 単元の最初と最後に50mのタイムを計ることで伸びを実感しよう

指導のコツ！

音に反応して

スタートでは，音に反応することを意識させます。そのために「よーい…」の後にとる間を長くしたり短くしたりして，しっかりと「ドン」の合図でスタートをできるようにしていきたいです。そうすることによって，フライングにならずにスタートできるようにしていきます。

スタートダッシュ

子どもたちが，より速く走るためにはどうすればいいのかということを考えやすくするために，走る局面を細分化し，子どもたちに伝えます。

単元の初めは，スタートに焦点を当てます。「姿勢を低くしてスタートすること」や「スタートの音に素早く反応すること」などの考えが子どもたちから出てくると考えられます。

比較すると…

中間疾走

単元の中では，中間疾走に焦点を当てます。スタートと違い「目線を上げること」や「体をたてること」，「一歩を大きくすること」などに注目したいです。そのための手立てとして，写真を使って比較するのがオススメです。スタートしてすぐの写真と中間疾走の時の写真を比較することで，違いが視覚的に捉えやすいです。

盛り上げテクニック

単元の最初と最後に
〈個人の記録会〉

ゲームの勝敗だけでなく，「記録」の向上で伸びを実感！

対戦相手がわからないワクワク感！

チームの中で対戦表に名前を記入し，相手の対戦表と合わせます。今日は誰と競争するのかな！

ポイント!! 競争を楽しみながら，より速く走るために考える！
走る局面を細分化して指導！

19 タタタン高跳び
～リズムに乗って跳ぼう～

領域：	体つくり	ゲーム	陸上 跳	器械運動	表現	水泳
学年：	低学年	中学年	高学年	視点：	競争	共創

この教材の魅力！

　中学年の高跳びでは，3〜5歩程度の短い助走で強く踏み切り，高く跳ぶことめざします。しかし，いざやってみると，歩数のリズムが合わずにうまく跳ぶことができないこともあります。そこで本単元では，助走のリズムを「タタタン」と表現し，そのリズムに乗って助走することで，高く跳ぶことに挑戦します。

　また，中学年の児童，特に苦手な児童にとっては，高跳びのバーに恐怖心を抱くこともあるでしょう。そこで，本教材では，洗濯バサミにゴムひもを結ぶことで，バーの代わりとします。高跳びの支柱や棒などに洗濯バサミを挟むだけなので，中学年の児童でも簡単に高さの調節ができます。また，右下の写真のように，記録を点数化することにより，点数の集計を簡単にすることができます。

ゴムひもをバーの代わりに

記録を点数化

単元の流れ（6時間程度）

目標　「タタタン」のリズムをいかして，高く跳ぼう！

まずは，タタタンのリズムで跳ぶことに慣れよう

→ タタタンのリズムで上手く跳ぼう！

タタタンのリズムで上手く跳ぶにはどこから助走を始めるかが大事！

→ どうすればより高く跳べるか考えよう！

空中姿勢に目が向けば，「お尻より足を上げる」ことを課題にしてもおもしろい

助走を伸ばしたいという子どもの思いがある場合，「1．2．タタタン」と，5歩での助走にも挑戦！

→ 記録会をしよう！

記録を計ったり，チームで競ったりしよう

指導のコツ！

より高く跳ぶには

単元を通して「より高く跳ぶには」をキーワードに子どもたちが考えます。子どもたちが学びやすいように跳ぶ局面を細分化し，まず初めは助走に注目します。そして踏切，最後に空中姿勢を課題にして取り組んでいきましょう。

「タタタン」のリズムで跳ぶために（助走）

スタート位置に玉入れの赤玉を置くことで，どこからスタートするのかを視覚化します。自分が「タタタン」と助走し，踏み切りやすいスタート位置を探しましょう。

また，グループの仲間が口伴奏で「タタタン」と言うことで，リズムを意識して跳ぶことができます。また，それが子どもどうしのかかわりを生むことにもつながり，教え合う姿が見られるでしょう。

赤玉

写真や映像の活用（空中姿勢）

空中姿勢を課題にする時には，上手く跳んでいる児童の写真や映像を用いることで，よい空中姿勢についてクラスで共有します。写真だと，考えるのが苦手な子でも，見るべきポイントがわかりやすいです。ひもを跳び越えるために，体のどの部分をどう動かすといいのかということを考えます。

「お尻より足を高く上げるといい」，「手を思いっきり振り上げている」などの意見が出てきます

盛り上げテクニック

毎時間クラスの平均（合計）を掲示する！

みんなの成長を実感できます。みんなで達成する喜びを共有しましょう。

グループで競争！

練習からグループで行います。毎回の授業の最後にチャレンジタイムをとり，1人3回だけ記録に挑戦できます。回数制にすることで緊張感を持って取り組めます。自己ベストを出せた時の達成感もグループで分かち合えます。

> **ポイント!!** 「タタタン」でリズムよく助走し，踏み切る！
> 「より高く」をキーワードに考える！

20 ３歩でGO！ハードル走

| 領域： | 体つくり | ゲーム | 陸上 走 | 器械運動 | 表現 | 水泳 |
| 学年： | 低学年 | 中学年 | 高学年 | 視点： | 競争 | 共創 |

この教材の魅力！

　ハードル走は，複数台のハードルをリズミカルに走り越し，その速さを競ったり自己の記録に挑戦したりする運動です。学習指導要領では，リズミカルに越える技能について，ハードルの間（インターバル）を「３歩または５歩で走ること」とされています。しかし，５歩だとスピードに乗ったハードリングにならなかったりする時があるなど，うまくいかない時があります。

　そこで，本教材ではインターバルを「３歩」の歩数に固定します。個人差のある子どもたち全員を「３歩」で走り越えさせるために，インターバルの距離が違う多様なコースを用意します。

　誰もが「０・１・２・３」の同じリズムで走り越えることで，リズミカルに走り越えることの心地よさを感じながら，仲間とかかわり合って運動することができます。

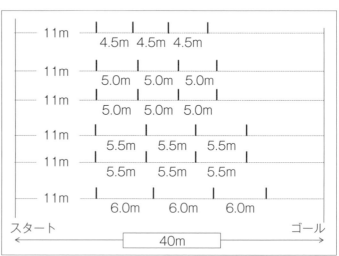

単元の流れ（7時間程度）

目標 ３歩でリズミカルに走り越えよう！

３歩で走り越えられるコースを見つけよう！
　　↓（様々なコースを走り，「心地よく」３歩で走れるコースを決めよう）

どうすれば，速く跳び越せるか考えよう！
　　（自分の決めたコースで，どうすれば速く跳び越せるかを考えて技能を高めよう）
　　↓

記録会をしよう！
　　（タイムを計ったり，競争したりして楽しもう！）

指導のコツ！

「3歩」のリズムをつかむために

ハードルの間に4つの赤玉を置いて，3歩「0・1・2・3」のめやすとします。

グループの仲間が口伴奏で「0・1・2・3」とリズムを言ったり，太鼓を叩いたりして，リズムを意識しやすくします。

ハードルの跳び越し方

次の2つがポイントになります。

・振り上げ足をまっすぐに伸ばす
・ぬき足の膝と足首を水平に上げる

振り上げ足をまっすぐ上げて伸ばすために，ハードルのバーに足の形を描いた厚紙を洗濯バサミでとめ，その紙をめがけて足を当てるようにさせます。

抜き足の膝と足首を水平にするために，振り上げ足では使わない方の紙に，足の甲を当てるようにさせます。そうすることで，ぬき足の指導にもつながります。

盛り上げテクニック

50m走とのタイム差で競う

| ハードル走の記録 | － | 50m走の記録 | ＝ | 自分の記録 |

> 走力に応じて記録が変わるので，走るのが苦手な子どもでも勝てるチャンスが！

タイム差（自分の記録）は小さい数字のほうが勝ちとなります。

ポイント!! 「3歩」に固定することで…
リズミカルに走り越えることの心地よさを感じやすくなる！

21 走り幅跳び
～実測で思いきり跳ぼう！～

領域：	体つくり	ゲーム	陸上 跳	器械運動	表現	水泳
学年：	低学年	中学年	高学年	視点：	競争	共創

この教材の魅力！

　走り幅跳びの学習では，リズミカルで全速力の助走をいかしたダイナミックな跳躍をめざします。そのため，「助走スピードをいかにいかすか」がポイントになります。

　しかし，全速力の助走から，踏切を線に合わせることはとても難しいことです。踏切を意識しすぎて助走スピードを落としてしまったり，目線が下がってダイナミックな跳躍にならなかったりしてしまいます。

　本教材では「実測（踏み切った足のつま先から砂場に着いたところまでを計測して記録とする方法）」を使います。そうすることで，全速力の助走を十分にいかして跳躍でき，記録の伸びにつながりやすくします。

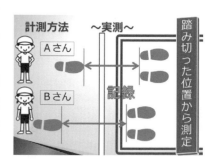

　記録を伸ばすことや仲間と競うことで，楽しく学習に取り組むことができます。記録を個人の能力に応じて相対化して競ったり，個人の記録をグループで合計するなど集団化して競い合ったりできるようにするといいでしょう。

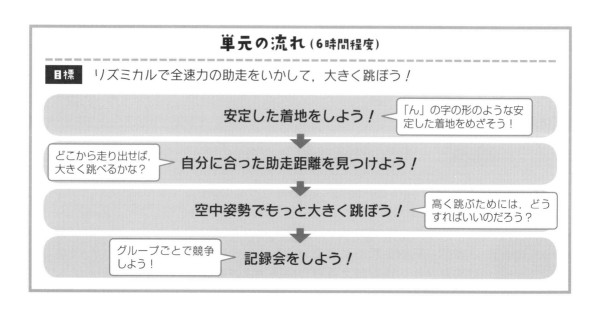

指導のコツ！

助走

まずは，「自分に合った助走距離＝踏切の時に最もスピードにのっている状態になる距離」であることを共有します。

そして，助走距離を考える時は，ペットボトルや玉入れの玉などを助走開始位置に置いたり，自分の歩数を目安にしたりします。

歩数の目安
- 歩いて11歩＝7歩助走
- 歩いて15歩＝9歩助走
- 歩いて19歩＝11歩助走

空中姿勢

助走を速くするだけでは，記録の伸びに限界があります。子どもたちの記録が伸び悩んできた時が，空中姿勢に着目させる絶好のタイミングです。

そこで，空気鉄砲や水鉄砲を活用し，角度を変えて飛ばしてみます。当然，地面の水平に近い方が

視線を前方に置く／両手を振り上げる／両膝を抱え込む

飛びにくく，角度をつけた方がよく飛びます。これを見ることにより「跳躍に高さが出ると記録が伸びる」と，児童が意識し，跳躍に高さを出すためのコツを考え出すきっかけとします。

空中姿勢の工夫は，「目線」「うで」「あし」に着目させると考えやすくなります。試行錯誤しながら，自分に合ったコツを探していきます。

盛り上げテクニック

競い方を変える

- グループでの合計距離
- グループごとに１対１
- 自分が宣言した距離に近いかどうか

競い方を変えることで，勝敗が変わります
いろいろな子どもが勝てるように，競い方を工夫してみましょう

ポイント!! 「実測」にすることで全速力の助走を十分にいかして跳躍でき，記録の伸びにつながる！

オリジナルコースをかけぬけろ！

領域：	体つくり	ゲーム	陸上 走	器械運動	表現	水泳
学年：	低学年	中学年	高学年	視点：	競争	共創

この教材の魅力！

かけっこ遊びでは，直線のコースや蛇行したコースを走ったり，走り方を変えて走ったりするなど，自身の体をコントロールしながら全速力で短い距離を走ることが魅力です。

本教材では，3種類のコースを設定します。多様なコースに応じて走る手立てとして「加速と減速」「歩幅」「体の傾き」が必要となります。それらの動きを場の設定から導くためには，コースづくりがポイントとなります。

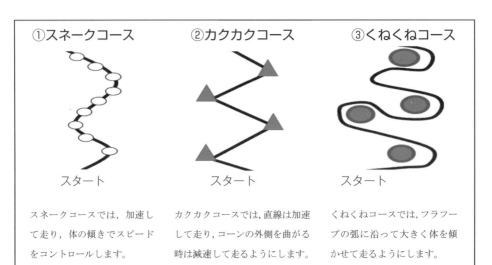

①スネークコース　スタート
スネークコースでは，加速して走り，体の傾きでスピードをコントロールします。

②カクカクコース　スタート
カクカクコースでは，直線は加速して走り，コーンの外側を曲がる時は減速して走るようにします。

③くねくねコース　スタート
くねくねコースでは，フラフープの弧に沿って大きく体を傾かせて走るようにします。

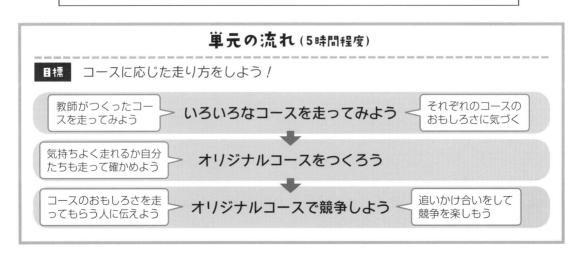

単元の流れ（5時間程度）

目標 コースに応じた走り方をしよう！

- 教師がつくったコースを走ってみよう → いろいろなコースを走ってみよう ← それぞれのコースのおもしろさに気づく
- 気持ちよく走れるか自分たちも走って確かめよう → オリジナルコースをつくろう
- コースのおもしろさを走ってもらう人に伝えよう → オリジナルコースで競争しよう ← 追いかけ合いをして競争を楽しもう

指導のコツ！

ワークショップ形式

①気持ちよく走れるコースをつくる

ワークショップでは，コースをつくったり，実際に走ってお手本を見たりする「店番」と，友達がつくった場を楽しむ「お客さん」に分かれます。その中で，自分たちのグループがつくった場の遊び方やおもしろさを考え，説明する時間を設定します。いろいろなコースを自分でつくったり，走ったりすることで様々な動きの基礎や体をコントロールする力の基礎を育むことができます。

②つくったコースの説明

自分たちがつくったコースのポイントを他者に説明します。説明するポイントは以下の2つです。

- ・コースのおもしろさ
- ・動き方（走り方）

説明する視点を2つに限定し，明確にすることで説明の内容を話し合う時間が短縮されコースづくりの時間を確保することができます。

```
説明の仕方
・このコースのポイントは
　_____
　_____です。

・走り方は_____
　_____です。
```

コースづくりの際は，気持ちよく（スムーズに）走れるコースかどうか，グループで走って確かめる時間を確保するようにしましょう。

盛り上げテクニック

後ろから追いかける競争

スタートラインの3m後ろに線を引く。そして，それ以降の線は1m間隔で2本線を引き，合計3本の線を引くようにする。

〈ルール〉

・追いかけられる人は追いかける人のスタート位置を決めることができる。
・安全を配慮して，コーンを回って戻ってくるようにする。
・追いかけられる人は帽子をズボンの後ろに挟んで，タッチの代わりに帽子をとるようにする。

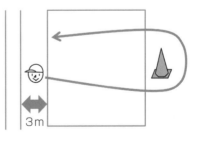

 多様なコースで後ろから追いかける競争を仕組むことで誰もが全力で走ることができます！

23 いろんな跳び方を楽しもう！
～島にだっしゅつ　大ジャンプ！～

領域：	体つくり	ゲーム	陸上 跳	器械運動	表現	水泳
学年：	低学年	中学年	高学年	視点：	競争	共創

▶ この教材の魅力！

　本教材では，グループでコース（場）を考え，ワークショップ形式で活動をします。ワークショップでは，コースをつくりながら跳ぶ，お手本を見せる（店番）と友達がつくった場を楽しむ（お客さん）に分かれます。その中で，自分たちのグループがつくった場の遊び方のルールやおもしろさを考え，説明する時間を設定します。自分たちがつくったコースを他者に経験してもらっておもしろさを伝えることで，自分が気に入った跳び方だけでなくコースによっていろいろな跳び方があることに気づくことができます。

　ワークショップで活動することで運動経験にかかわらず，誰もが運動に参加し，仲間とともに楽しむことができます。

コースづくりの様子

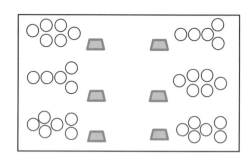

場の設定

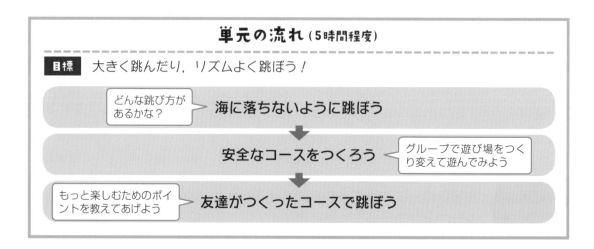

指導のコツ！

見立て遊びの設定

意欲を持続させるために，「海に落ちないように島にたどり着こう！」と課題を設定し，フラフープは安全な場所・マットはゴールになる島に見立てて遊びとして提示します。自然とフラフープの外へ足が出ないように意識するなど，低学年段階において見立て遊びは有効な手立てとなります。

ワークショップの仕方

自分たちがつくったコースをお客さんに説明する時は，型をもとにしてグループで話し合うようにします。

お客さんに跳んでもらっている間は，店側は「ケン」「パ」のリズムを口伴奏するようにします。口伴奏があることで，連続した跳躍のリズムがわかり，苦手な児童でも安心して活動に取り組むことができます。また，他者の動きを見る必然性がうまれ，アドバイスをするなどのかかわり合いをうむ手立てにもなります。

```
このコースのポイントは
_____
_____
_____です。

このコースでは，_____のリズムで跳んでください。
```

盛り上げテクニック

競争

どちらが早く島（マット）にたどり着けるか隣のチームと競争だ！

ゴールはジャンプしてハイタッチ！

どこまで届くか，高さにチャレンジしてみよう！

ポイント!! ワークショップ形式で活動することで，誰もが運動に楽しく取り組むことができます！

24 シンクロハードル
～リズムよく越えよう～

| 領域： | 体つくり | ゲーム | 陸上 走 | 器械運動 | 表現 | 水泳 |
| 学年： | 低学年 | **中学年** | 高学年 | 視点： | 競争 | **共創** |

この教材の魅力！

ハードル走でよい記録を出すためには，リズミカルにハードルを越えていくことが重要です。ハードル間が4歩だと振り上げ足が変わってしまうので，ハードル間を3歩で走っていくことをめざします。その3歩のリズムをつかむために，このシンクロハードルを行います。

40メートルのコースに，自由に小型ハードルを4つ置きます。タイムが同じ程度の子がペアになり，横並びで2人がシンクロするように走り，同じ歩数で，リズムよく走れるようにしていきます。

グループの中で見合うことで，「どうすればリズムよく3歩で走れるか」という課題に対して，話し合いながら授業を進めていきます。記録をタイムとシンクロできたハードル数で得点化することで，友達と一緒に技能の高まりを実感し，ともに記録を伸ばしていくことの楽しさに触れることができます。

	4個	3個	2個	1個
～8秒	10	9	8	7
～8.5秒	9	8	7	6
～9秒	8	7	6	5
～9.5秒	7	6	5	4
～10秒	6	5	4	3
～10.5秒	5	4	3	2
10.6秒～	4	3	2	1

> 縦軸にタイム，横軸にシンクロできたハードルの個数をとり，点数化します。

単元の流れ（6時間程度）

目標 3歩のリズムで，ハードルを越えていこう！

→ 3歩のリズムに挑戦しよう！
  > まずは，3歩のリズムで走ってみて，その難しさを感じよう

→ 3歩のリズムをシンクロさせよう！
  > 友達とシンクロしながら，3歩のリズムでより速く走ることをめざそう

→ 記録会をしよう！
  > 記録を計り，グループで目標の点数をめざそう

指導のコツ！

3歩のリズムで越えていくために

まずは,「いち, に, さーん (『ん』で着地)」とハードルを3歩で越える時の数え方を全体で共有します。4歩だと振り上げ足が変わってしまうことに着目すると, 3歩で越えていくよさに気づけるでしょう。実際に子どもたちが取り組む際には, グループの仲間が口伴奏で「いち, に, さーん」と言うことで, リズムを意識してハードリングできるようにしていきます。

シンクロの気持ちよさ

準備運動の時などから, ペアでストレッチをしたり, ペアでタイミングを合わせて走ったりすることで, かかわり合う楽しさ, シンクロする気持ちよさを感じられるようにしていきます。例えば, 折り返し運動もペアでスキップやケンケンのタイミングを合わせたり, 「いち, に, さーん」と3歩を意識して走ったりしてもおもしろいでしょう。

盛り上げテクニック

ダンボール箱でより高いハードルに挑戦！

縦, 横, 高さにそれぞれ差のあるダンボール箱を用意します。例えば縦30cm, 横40cm, 高さ50cmのものだと, レベル2の40cmだと得点にプラス1点, レベル3の50cmだとプラス2点というようにすることで, より高いハードルに挑戦する姿が見られます。

> **ポイント!!** 3歩でリズミカルに走る！
> シンクロでかかわりが増える！

25 パックジャンプ！
～チームでたくさん跳ぼう～

領域：	体つくり	ゲーム	陸上 跳	器械運動	表現	水泳
学年：	低学年	中学年	高学年	視点：	競争	共創

▶ この教材の魅力！

　本単元では，砂場で幅跳びをしません。体育館でマットと牛乳パックを使って幅跳びをします。中学年の児童にとって，砂場で記録を計測するのは難しく，時間もかなりかかってしまいます。その悩みを解消するのが，この「パックジャンプ」です。マットの上に牛乳パックを並べ，何本分を跳び越えられるかで記録を計ります。計測しやすいので，何回も繰り返し記録に挑戦できることはもちろん，具体物を跳び越えるというのは，視覚的にも目標がわかりやすいです。

　この単元では，グループで学習に取り組みます。グループ活動での記録を更新していくことをめざすので，技能の差を超えて「○本分越えられた！」と夢中になって取り組む子どもたちの姿を見ることができます。

単元の流れ（6時間程度）

目標 チームで協力し，より遠くへ跳ぼう！

着地の仕方をマスターしよう！ ← 安全・記録のためにふわっと着地することを価値づける

↓

より遠くに跳ぶためには，どうすればよいのか考える → どうすればより遠くへ跳べるか考えよう！

↓

踏切を工夫してより遠くに跳ぼう！ ← 踏切足を決めること，強く踏み切ること，などを課題にしましょう

↓

グループで○本をめざそう！ → 記録会をしよう！

64

指導のコツ！

安全のために

まずは，ふわっと着地ができることをめざします。遠くへと勢いよく跳んだ時，着地が上手くできないとケガにつながってしまいます。また，着地が上手くできるようになると，恐怖心が減り，思いっきり跳躍することができるようになると考えられます。

そこで，写真のように跳び箱の上から片足で踏み切り，ふわっと膝を曲げて両足で着地する感覚を身に付けます。高く遠くへ跳んでも，バランスを崩さずにふわっと着地できることを価値づけていきましょう。

リズムよく助走しよう

5～7歩の短い助走の中で，強く踏み切ることができる助走のリズムを探ります。グループで，助走のリズムを意図的に変えて走ってみたり，助走の位置を変えてみたりしながら，より遠くに跳べる助走について考えていきましょう。

踏み切り板を使って

踏み切り板を置くことで，踏み切り位置を視覚化します。また，踏み切り板を使うことで，力強く踏み切ることができたかどうかを「バンッ！」という音の大きさで判断することができるようになります。さらに，高さがでるので，中学年の児童でもふわっとする浮遊感覚を得ることができるでしょう。

盛り上げテクニック

チームで目指せ〇本！パックジャンプ記録会！

牛乳パックを何本跳び越えられるか，1人につき2分間挑戦します。2分間の跳躍の中で，跳び越えた本数が一番多いものが自分の得点となります。牛乳パックを踏みつけてしまうと記録になりません。

記録達成チームを表彰！

一定の本数を達成したチームをその都度表彰することで，喜びや子ども同士のかかわりアップ！

ポイント!! 牛乳パックで楽しみながら何度も記録に挑戦！
チームで何本達成できたかに注目することでかかわりが増える！

26 ダッシュマークリレー

| 領域： | 体つくり | ゲーム | 陸上 走 | 器械運動 | 表現 | 水泳 |
| 学年： | 低学年 | 中学年 | 高学年 | 視点： | 競争 | 共創 |

この教材の魅力！

　高学年のリレーでは「滑らかなバトンパス」をめざします。そのためには，「スピードにのったままでバトンを受け渡しすることができること」がポイントになります。

　本教材では，2人でバトンパスして50mを走ります。他者との競走ではなく，走る2人の50m走の平均タイムを超えられるかを課題とします。走るのが得意・苦手にかかわらず，それぞれが自分たちの課題となる記録を超えられるかどうかにチャレンジするので，勝ち負けではなく，それぞれの課題に向かって，互いに練習したりアドバイスしたりすることがしやすくなります。

　「スピードにのったままでバトンを受け渡しする」にあたって，最も重要なのがバトンを受ける側が「いつ走り出すか」ということです。そして，その走り出すタイミングを可視化するのが「ダッシュマーク」です。ダッシュマークがあることで，自分たちに合った走り出す距離やタイミングを見つけたり，調整したりすることができるようになります。

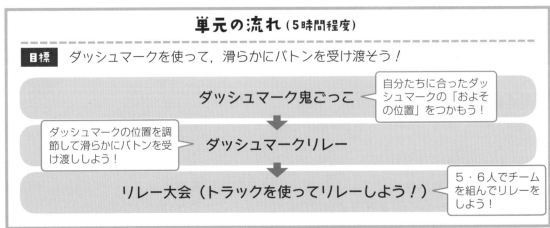

単元の流れ（5時間程度）

目標 ダッシュマークを使って，滑らかにバトンを受け渡そう！

- ダッシュマーク鬼ごっこ ← 自分たちに合ったダッシュマークの「およその位置」をつかもう！
- ダッシュマークリレー ← ダッシュマークの位置を調節して滑らかにバトンを受け渡ししよう！
- リレー大会（トラックを使ってリレーしよう！）← 5・6人でチームを組んでリレーをしよう！

指導のコツ！

ダッシュマーク鬼ごっこ

前走者が鬼となり，次走者が逃げます。逃げる子は，鬼が自分の手前１ｍのダッシュマークまで走ってきたら走り出します。ゴールラインまでにタッチできたら鬼の勝ち，できなかったら逃げる子の勝ちです。

バトンの受け渡し方

〈渡し方〉
①バトンを渡せるところで「ハイ」の合図。
②次走者の手にバトンをしっかり押し込む。

〈受け取り方〉
①相手がダッシュマークまで来たら，全力で走り出す。
②「ハイ」の合図で腕を高く上げる。
③親指を下に，手のひらを相手に向ける。

ダッシュマークの置き方

ダッシュマークは，玉入れの赤玉などを使います。「自分のくつが何足分か」を測って距離を調節します。

盛り上げテクニック

自分だけの「バトン」

「ラップの芯」と「ビニールテープ」で簡単に作れます

課題を達成したペアを示す掲示

	A	B	C	D	E	F
A		○		○		
B			○		○	
C		○				
D	○					○
E		○				
F				○		

「組み合わせ表」などを使うことで，課題を視覚化します

> **ポイント!!** 自分たち（ペア）の記録を超えることを課題にすることで…
> 誰もがチャレンジできる！　一緒に高め合える！

第2章　領域別で選べる！盛り上がる「教材アイデア」全部紹介！

27 得点表を使った 走り高跳び
～クラス最高得点をめざせ！～

領域：	体つくり	ゲーム	陸上 跳	器械運動	表現	水泳
学年：	低学年	中学年	高学年	視点：	競争	共創

この教材の魅力！

　本教材では，走り高跳びの記録をcmではなく「得点」で表します。

　得点で表すことで，2つのよさがあります。

　1つ目は，「自分に合った記録」で運動に取り組めることです。走り高跳びの記録は，走力や身長といった学習すること以外の要因が大きくかかわる運動です。そのため，50m走の記録や身長をもとに児童をA～Iの10グループに分け，記録を相対化します。それにより，身長の低い子や走るのが苦手な子でも，高得点を出すことが可能になります。

　2つ目は，「記録が合計しやすくなること」です。一人ひとりの得点をグループや学級全体で合計することで，個人種目の走り高跳びでも「集団での高まり」をめざすことができます。毎時間の授業の終わりに全員の得点を合計し，クラスの得点とすることで，得点が上がって喜び合ったり，下がって悔しがったりする姿が見られるようになります。

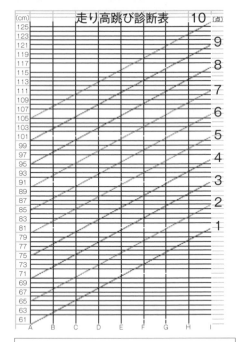

$0.5 \times$ 身長 $- 10 \times 50$m走 $+ 120$
（ノモグラム）の目標記録をもとにA～Iのグループに分けている

単元の流れ（6時間程度）

目標 リズミカルな助走からバーをよけて跳ぼう！

バーのよけ方を考えて跳ぼう　← どうすれば，バーに足を当てずに跳べるかな？

↓

リズミカルに助走して跳ぼう　← 7歩の助走でうまく跳べるようにしよう！

↓

記録会をしよう！　← 全員で応援し，クラス最高得点をめざそう！

指導のコツ！

「着地の仕方」をおさえる

高く跳ぶために最も大切なのが「着地」です。なぜなら，着地が安定しないとケガの原因になるからです。

低いバーやゴム紐などで練習し，片足ずつ「ト・トン」のリズムで着地できるようにしましょう。

助走のめやすとして赤玉を置く

助走は7歩に限定し，「玉入れの赤玉」を置いて助走のめやすとできるようにします。また，「1・2・3・4・タ・タ・タン」とグループの仲間が助走のリズムを口伴奏してあげると，リズミカルな助走につながります。

盛り上げテクニック

竹のバーにスポンジを巻く

竹のバーを使うことで，バーが落ちるか落ちないかのドキドキ感が出てきます。しかし，恐怖心を感じてしまう子もいます。バーにスポンジを巻くことで，恐怖心を和らげることができます。

跳ぶ回数を制限する

記録として扱う跳躍の回数は「3回！」などと，跳ぶ回数を決めて記録にチャレンジさせると緊張感が倍増します。また，3回の跳躍を「どの高さにするか？」といったような高さを選択するというおもしろさも出てきます。

> **ポイント!!** 記録を得点することで，「自分に合った記録」で運動意欲UP！
> 「クラス全体の得点」の高まりをめざしてかかわり合いUP！

28 マット遊び
～めざせ！にんじゃしけん！～

領域：	体つくり	ゲーム	陸上	器械運動 マット	表現	水泳
学年：	低学年	中学年	高学年	視点：	競争	共創

▶ この教材の魅力！

　本教材では，忍者になりきることで，4つの場から低学年で身に付けたい動きを楽しみながら習得することができます。

　レベルは3段階に設定しておき，レベル1を全員ができるように設定しておくことで，子どもに「できた！」を感じさせます。また，自分が得意な「にんじゅつ」の，上手になるポイントを友達と教え合うことで，できる喜びや，もっとやりたいという気持ちを高めることができます。最後の試験では，術ごとにレベル1を達成できたら1点，レベル2なら2点と，グループ対抗で合計点数を競い合います。

なりきりのじゅつ
（くま→くも→かめ）

なりきったままマットの端まで歩くことができればOK！

ころりんのじゅつ
（おいもころがり→前ころがり→後ろころがり）

マットの下にロイター板をはさみ，坂にしておく！

かべわたりのじゅつ
（黄テープ→青テープ→赤テープ）

マットに色テープを貼り，だんだん壁に近づかせます！

かわわたりのじゅつ
（黄テープ→青テープ→赤テープ）

マットにテープを貼り，だんだん幅を広げていきます！

単元の流れ (5時間程度)

目標 忍者になりきって，いろいろな動きを身に付けよう！

忍者の心得を知ろう！
　└ 忍者みたいにいろいろな動きをしてみよう！

↓

忍者試験へむけて修業しよう！
　└ 忍術が上手になるにはどうしたらいいかな？

↓

忍者試験を受けて，忍者になろう！
　└ 術ごとに得点をかせいで，グループごとに競い合おう！

指導のコツ！

なりきりのじゅつ
四つんばい歩きのくま，お腹を上に向けて歩くくも，体をかめの甲羅に見立てたブリッジ歩きのかめの順に行います。マットの端まで，なりきることがポイントです！

くま　　くも　　かめ

ころりんのじゅつ
前ころがりと後ろころがりでは，手がマットに着いているかを友達に見てもらって，アドバイスしてもらいましょう！

マットに手をペタッと着けて！

かべわたりのじゅつ
レベルが上がるごとにマットと壁の距離が狭くなっていきます。苦手な子どもは友達に足を持ってもらい，補助をしてもらいましょう！

手でギューっと押しているね！

かわわたりのじゅつ
レベルが上がるごとにテープの幅が広くなっていきます。しっかりと両手で押すのがポイントです。友達には足がマットから離れている時間を見てもらってアドバイスしてもらいましょう！

今のはトンって感じだった！

トーンってなるようにやってみて！

盛り上げテクニック

なりきりリレー

動物になりきってリレー！後ろ向きでもやってみよう！

ころがりリレー

行きはおいもころがり，帰りはくまで戻ってこよう！

ポイント!! 楽しみながら低学年で身に付けたい動きを習得しよう！
レベル別で，一人ひとりに「できた！」を感じさせよう！

第2章　領域別で選べる！盛り上がる「教材アイデア」全部紹介！

29 跳び箱遊び
～ワン，ツー，ジャンプ！～

領域：	体つくり	ゲーム	陸上	器械運動 跳び箱	表現	水泳
学年：	低学年	中学年	高学年	視点：	競争	共創

この教材の魅力！

本教材では，跳び箱をジャンプしてまたぎのり，またぎおりをすることで，中学年で行う開脚跳びなどの感覚を楽しみながら養うことができます。

はじめの目標を跳び越えるのではなく，またいで越えていくというようにします。またぎこしから，ワン（ロイター板をける），ツー（着手），ジャンプ！（跳び越える）につなげていきます。友達と跳び箱を越えるまでの着手の回数を競いながら，跳び箱の開脚跳びや閉脚跳びに必要な，腕で体を支える感覚を身に付けることができます。単元の最後にはジャンピング大会を行い，障害物ありができたら3点，1回ごえで2点，途中で2回以上手を着いたら1点として，グループごとに得点を競い合います。障害物ありと1回ごえは着地で動いたら1点減点などにすると，得点の差を少なくすることができます。

ワン，ツー，ジャンプ！のながれ

①またいでからスタート

跳び箱の端にのってからスタート！ 何回で越えられるかな？

②ジャンプからスタート

ロイター板ジャンプからスタート！ 前より少ない回数でできるかな？

③走ってジャンプからスタート

助走をしてワン，ツー，ジャンプ！ かけ声に合わせよう！

単元の流れ（4時間程度）

目標 跳び箱を上手に越えよう！

跳び箱をまたいで越えよう！ ← 両手でしっかり押して，跳び箱を越えよう！

↓

手を着く回数を少なくするにはどうすればいいかな？ → 手を着く回数を少なくして越えよう！

↓

ワン，ツー，ジャンプで跳び箱を越えよう！ ← 1回ごえを目指して，グループごとに得点を競い合おう！

指導のコツ！

またいでからスタート
跳び箱にまたがった状態からスタートするので，全員が行うことができます。しっかりと両手で押すのを意識させます。肘を伸ばしたまま押すのがポイント！

ジャンプからスタート
ロイター板の上からジャンプして跳び箱に跳び乗ります。友達に手の位置を見てもらい，アドバイスをしてもらいます。はじめの手の位置を跳び箱の前の方にするのがポイント！

走ってジャンプからスタート
2〜3メートルの助走から跳び乗りをします。助走があることで跳び箱の前の方に手が着きやすくなります。

友達に手の位置のアドバイスをもらいながら，1回で越えるのをめざします。また，跳ぶ時にみんなでかけ声の「ワン，ツー，ジャンプ！」を言うことで，タイミングを合わせます。1回で越えることができた人は，マット上のお手玉の障害物ありに挑戦！

盛り上げテクニック

またぎリレー

跳び箱を2台並べて競争！交代は友達の背中にタッチ！

うまとびリレー

うまとびをつなげて競争！友達と協力してゴールをめざそう！

ポイント!! またぎのり，またぎおりの動きで開脚跳びの感覚を楽しみながら養おう！　手を着く回数を競い合いながら1回ごえを目指そう！

30 側方倒立回転
～レベルアップチャレンジ～

領域：	体つくり	ゲーム	陸上	器械運動 マット	表現	水泳
学年：	低学年	中学年	高学年	視点： 競争	共創	

▶ この教材の魅力！

　本教材では，様々な種類の競争を通して，腕支持の感覚や身体を締める感覚を養いながら，側方倒立回転に挑戦していきます。

　側方倒立回転は，技の途中でしっかりと倒立の姿勢をつくることが大切です。そのため腕支持の感覚や身体を締める感覚，逆さになる感覚が必要となってきます。ただただ黙々と練習してそれらの感覚を身に付けていくのではなく，学級のみんなで競争して盛り上がりながらそれらの感覚を身に付けていきます。

　また，側方倒立回転のスモールステップにレベルをつけて，単元を通して自分はもちろんのこと，学級の仲間と一緒に技のレベルを上げることに挑戦，競争していきます。

カエルの足うち

壁のぼり

単元の流れ（7時間程度）

目標 側方倒立回転のレベルを上げよう！

- 腕支持から身体を移動させてみよう → **身体を支えて競争しよう！** ← バランスがよい腕支持の仕方を身に付けよう
- 倒立の形を意識しよう！ → **まっすぐ美しく回ろう！** ← 側方倒立回転に挑戦しよう！
- **対抗戦をしよう！** ← 側方倒立回転のレベルを競おう！

指導のコツ！

レベル1　補助倒立
・手は肩幅につき，指を開き，指先を軽く曲げる。
・目線は手と手の間を見る。
・補助者は振り上げ足の横に立ち，太ももをもって補助をする。

レベル2～3　ジグザグ川とび
・マットの横から手をつき，足を振り上げマットの反対側に着地する。
・一連の流れをトントントトンのリズムで行う。

レベル4～6　側方倒立回転
・身体を進行方向に向かって正面になるように構える。
・手を交互に横向きにマットにつける
・倒立と同じように足を振り上げる。
・横向きになるよう身体をひねりながら足を交互に振り下ろす。
・一連の流れをトントントトンのリズムで行う。

ポイントは　まっすぐ回転することを意識

マットにラインテープを張り，三段階の幅を設定してそれぞれにレベルをつけます。

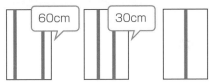

盛り上げテクニック

側方倒立回転をするには，バランスよく身体を腕支持する力が必要です。学級のみんなで競争して楽しみながら腕支持の感覚を身に付けましょう。

カエルの逆立ち競争
カエルの逆立ちで何秒耐えられるかを競います。

カエルの足うち競争
空中で何回足をうてるのかを競います。

壁のぼり競争
お腹を壁のほうに向けて，壁を歩くようにして足を上げて倒立の姿勢をとっていきます。どれだけ高く足を上げることができるかを競います。

ポイント!!　腕で身体をバランスよく支えて，まっすぐ回ろう！

31 開脚跳び
～前へ進め！障害物を跳び越えろ～

領域：	体つくり	ゲーム	陸上	器械運動 跳び箱	表現	水泳
学年：	低学年	中学年	高学年	視点：	競争	共創

▶ この教材の魅力！

　開脚跳びや閉脚飛びには踏み切りから着手までの「第一空間局面」，着手から着地までの「第二空間局面」があります。本教材では，この2つの局面をどれだけ大きくできるのかを課題にします。子どもたちはできるだけ大きな技にしようと身体の使い方を工夫して技に挑戦していきます。また，それぞれの局面の大きさを調節板や赤玉の数で視覚化します。実際に具体物を跳び越えていくことで，子どもたちは身体を大きく使えたことを実感できます。

　さらに開脚跳びのスモールステップにレベルをつけていくことで，自分自身のレベルアップをめざしたり，子どもたち同士でレベルを競い合ったりできるようにします。

　技を大きくすることを考えると技が雑になりがちです。そこで着地に失敗すると得点が0になるというルールを設けます。そうすることで，技が雑にならずに，着地に気を付けながら技をできるだけ大きくしていくことを子どもたちが目指していきます。

単元の流れ (8時間程度)

目標 大きな開脚跳びをマスターしよう！

- 開脚跳びに挑戦！ — 着地から始めることで恐怖心を軽減
  ↓
- 技をダイナミックにしよう！ — 第一空間，第二空間を大きくしよう！
  （切り返しの動きができたら閉脚跳びにも挑戦しよう！）
  ↓
- 対抗戦をしよう！ — 開脚跳びのレベルを競おう！

指導のコツ！

レベル1　跳び乗り跳び下り
・両足でしっかりと踏切板を踏み切り，跳び箱に跳び乗る。
・両足をそろえたまま移動し，マットへ跳び下りる。
・着地は3秒止まることができれば成功とする。

レベル2　またぎ越し
・跳び箱にまたぐ形で乗る。
・手をパーの形にして，両腕でしっかりと身体を支持して跳び箱をまたぎながら，前へ進んでいく。
・跳び箱をまたぎ越して，着地をする。

指先をそろえた着手をしてしまうとスムーズに体重移動ができないので注意しましょう。

レベル3　四段四段～レベル6　一段四段
・跳び箱を2台用意して並べます。
・初めは同じ高さにそろえて手前にある跳び箱に跳び乗り，そこから奥にある跳び箱前方に手を着き，「1，2，ジャンプ！」のかけ声でお尻を2回上げて，3回目で跳び越して着地する。

着手した位置より肩が前にいくように意識しましょう。

レベル7　開脚跳び
・リズムよい助走から両足で力強く踏み切る。
・手のひらをパーの形にして，両腕で身体を支持する。
・助走でつけた勢いをなくさないように体重移動をして着地をする。

盛り上げテクニック

　開脚跳びをするには，腕支持の感覚が大切になります。主運動に入る前に準備運動として，腕支持をして行う競争ゲームをして，みんなで楽しく腕支持の感覚を身に付けましょう。

どうぶつ走りリレー

くま

馬

開脚うさぎ

馬跳びリレー

ポイント!!　具体物を跳び越えて，技をどんどん大きくしていこう！

32 倒立ブリッジ 〜レベルアップチャレンジ〜

| 領域： | 体つくり | ゲーム | 陸上 | 器械運動 マット | 表現 | 水泳 |
| 学年： | 低学年 | 中学年 | 高学年 | 視点： 競争 | 共創 |

この教材の魅力！

本教材では，一見大技に見える倒立ブリッジをスモールステップの段階を一つ一つクリアしながら，挑戦していきます。

倒立ブリッジは，倒立した後，背屈の姿勢を維持しながらゆっくりと着地することが大切です。一見大技に見えますが，逆さ感覚と腕支持感覚がしっかりしていれば，だれでもできるようになります。特に，小学校段階においては，肩回りの柔軟性が高い時期でもあるのでうってつけです。

課題性のある競争を取り入れながら，楽しく技能の向上をめざします。

単元の流れ（6時間程度）

目標 倒立ブリッジをレベルアップしよう！

- ブリッジの姿勢で身体を移動させてみよう → **ブリッジ競争をしよう！** ← バランスがよいブリッジの仕方を身に付けよう
- ↓
- **落下の恐怖を取り払おう！** ← 倒立後，セフティーマットやロールマットに着地しよう
- ↓
- 倒立の際，ためをつくり，勢いを弱めてから着地しよう → **やわらかく着地をしよう！**
- ↓
- **音無し着地大会をしよう！** ← だれが音を出さずに着地できるかな？　グループで対抗戦をしよう！

指導のコツ！

レベル1　補助倒立
・手は肩幅に着き，指を開き，指先を軽く曲げる。
・目線は手と手の間を見る。
・補助者は振り上げ足の横に立ち，太ももを持って補助をする。

レベル2　倒立からセフティーマット
・セフティーマットとほぼ，同じ高さにかさ上げしたマットに手を着き倒立を行う。
・倒立後，膝を揃えて伸ばしながらセフティーマットに倒れる。

レベル3　倒立からロールマット
・ロールマットの手前に手を着き，足を振り上げる。
・足を振り上げロールマットを超えて着地する。
・ブリッジの姿勢が少し崩れてもロールマットがクッションの役割をするので安全である。

レベル4　倒立から補助倒立ブリッジ
・補助者はマットから下りて補助する。
・倒立して静止後，腰ともも裏を支えてもらいながら，着地する。

ポイントは，あごをひらき，背屈の姿勢を意識

盛り上げテクニック

ブリッジくぐり競争
ブリッジしたトンネルの下をくぐり，何往復できるか競争します。

ブリッジ歩き競争
マット1枚分どちらが速く進めるか競います。

着地ダーツ競争
着地の足がフラフープ内に収まるか競います。

ポイント!!　無駄な力を抜き，やわらかく着地をしよう！

33 閉脚跳び
～かっとびロケット～

領域：	体つくり	ゲーム	陸上	**器械運動** 跳び箱	表現	水泳
学年：	低学年	中学年	**高学年**	視点：	**競争**	共創

▶ この教材の魅力！

　閉脚跳びは，ダイナミックな踏切の後，跳び箱上で足を閉じたまま切り返す大変爽快感がある技です。しかし，苦手な子にとっては，場の設定を工夫したり，補助を受けたりしないと，その爽快感をなかなか味わうことができません。

　ですので，技能の段階に合ったスモールステップを無理なく踏むことで，子どもたちの心の壁を取り除き，閉脚跳びの持つ跳んだ後の爽快感を味わうことができます。そして，感覚が十分に高まってきたら，課題性のある運動に挑戦し，競争することでさらなる技能向上をめざします。

単元の流れ (6時間程度)

目標 美しい閉脚跳びをマスターしよう！

- スモールステップの流れで無理なく技能を高めよう → **閉脚跳びに挑戦！** ← うさぎ跳びで基礎的な切り返し感覚を学ぼう
- ↓
- **技を大きく美しくしよう！** ← 第一空間を大きくしよう
- ↓
- グループ対抗で，調節箱，赤玉，着地チャレンジ大会を行おう！ → **チャレンジ大会をしよう！**

指導のコツ！

閉脚跳びへのスモールステップ

レベル1　うさぎ跳び

前方に大きく手を振り上げ，着手した後，両手の間に着地します。慣れてきたら，「ここまで何回でいけるかな」と一定の距離を少ない回数で跳ぶ競争をします。

レベル2　跳び乗り（正座）

踏み切った後，正座で跳び箱の上に乗ります。徐々に跳び箱の前方で着地できるようにします。

レベル3　跳び乗り（足裏）

着手の後，跳び箱に足裏で乗ります。徐々に跳び箱の前方で着地できるようにします。

レベル4　閉脚跳び（跳び箱横向き）⇒（跳び箱縦向き）

〈調節箱チャレンジ〉

最大4個まで調節箱を増やしていきます。第一空間の大きさを競います。

盛り上げテクニック

赤玉チャレンジ

積み上げた赤玉に当たらずに跳べるか競争します。

着地ダーツチャレンジ

円の中で，ぴたっと止まれるか競争します。

ポイント!!　調節箱や，赤玉を用いた競争を楽しみながら，技の完成度を上げよう！

器械運動

第2章　領域別で選べる！盛り上がる「教材アイデア」全部紹介！

34 マット遊び
～マットオリンピック～

領域：	体つくり	ゲーム	陸上	器械運動 マット	表現	水泳
学年：	低学年	中学年	高学年	視点：	競争	共創

この教材の魅力！

　本教材では，演技の中に技だけではなく，オリジナルのバランスやポーズを入れて行うことで，行う技が少ない低学年でも独創的な演技で発表会を行うことができます。

　バランスやポーズは1人で考えるのではなく，3～4人のグループで考えていきます。グループで考えることで自分たちのオリジナルという連帯感が生まれ，他のグループに見せたいという意欲を持たせます。発表会ではグループ全員が同時に演技を行い，バランスとポーズのタイミングを合わせます。みんなでバランスやポーズがそろった瞬間には，達成感が生まれ，楽しみながらマットを行うことができます。

回転技

ポーズ

単元の流れ（5時間程度）

目標 みんなでとっておきの演技を考えよう！

- どんなバランスやポーズができるかな？ → いろいろなバランスやポーズをしよう！
- グループでオリジナルのバランスやポーズを考えてみよう！ → 前まわり，後ろまわりをしよう！ ← どうしたら上手にくるんと回れるかな？
- → 発表会に向けて，グループで演技を考えよう！
- → マットオリンピックをしよう！ ← 考えた演技を，グループで発表しよう！

指導のコツ！

バランスやポーズ

バランスは、まず1時間目に水平バランス、Y字バランスなど、いろいろなバランスを行っていきます。グループで考えさせる時には、「①3秒止める②片足でする」というきまりの中で、自由に考えさせます。ポーズも同様に、「3秒止める」というきまりの中で考えさせていきます。

水平バランス

Y字バランス

前回りや後ろ回りはスモールステップで！

演技の中に入れる回転技はスモールステップで練習していきます。前回りや後ろ回りが上手にできる子どもは、開脚前転や開脚後転などの発展技にも挑戦させてみましょう。

○前回り
①三角座り起き上がり
②手をはなして三角座り起き上がり
③ゆりかご
④ゆりかご立ち
⑤ゆりかごジャンプ

○後ろ回り
①ゆりかご
②ゆりかご手タッチ
③ゆりかご足つけ
④ゆりかご立ち上がり（後ろ向き）
⑤坂道後ろ回り

発表会の方法

発表会では「回転系→バランス→回転系→ポーズ」の構成で演技を考えさせます。回転系は前回り（または開脚前転）、後ろ回り（または開脚後転）を行います。2回とも同じ技でも構いません。発表はグループ全員で同時に行い、バランスとポーズをそろえるようにします。

盛り上げテクニック

ものまねポーズ

友達のポーズをまねしてみよう！バランスもやってみよう！

シンクロゆりかご

みんなで同時に起き上がろう！となりとタッチにも挑戦！

ポイント!! オリジナルのバランスやポーズを使って発表会をしよう！グループで連帯感や達成感を分かち合おう！

35 跳び箱遊び ～スーパージャンプ～

領域：	体つくり	ゲーム	陸上	**器械運動 跳び箱**	表現	水泳
学年：	**低学年**	中学年	高学年	視点：	競争	**共創**

この教材の魅力！

　本教材では，跳び箱への跳び乗り方の工夫，跳び箱の上からのオリジナルのジャンプ，スーパージャンプを考えることで，楽しみながらジャンプや着地の感覚を習得することができます。

　まず自分でスーパージャンプを考え，グループの友達と共有します。スーパージャンプが決まったら，着地までできるように練習していきます。発表会では，グループ全員で跳び箱に跳び乗った後，タイミングを工夫しながらジャンプを行います。スーパージャンプに加え，全員で同時にジャンプする，順番にジャンプするなどタイミングをグループで工夫してみんなで演技を考えながら，楽しく跳び箱に取り組むことができます。

跳び乗り

スーパージャンプ

単元の流れ（4時間程度）

目標 みんなでとっておきのジャンプを考えよう！

- いろんな跳び乗りやジャンプを試してみよう！ → **いろんな跳び乗りやジャンプをしよう！**
- **スーパージャンプを考えよう！** ← どんなジャンプができるかな？
- グループでジャンプするタイミングを考えよう！ → **グループで演技を考えよう！**
- **発表会をしよう！** ← 考えた演技をグループで発表しよう！

指導のコツ！

跳び箱への跳び乗り

跳び箱への跳び乗りは、はじめは手ありで行い、慣れてきたら手なしで挑戦していきます。中学年の技につなげるために手あり、手なしよりも、ロイター板を両足でける、跳び箱の上に乗る時に足の裏から乗る、というところを大切にします。

スーパージャンプ

跳び箱の上からのスーパージャンプは、「①着地のときは両足で、②着地を止める」というきまりの中で考えていきます。空中で手をたたいたり、ひねったり、キックをしたりと自分だけのオリジナルジャンプを子どもの自由な発想で考えていきます。自分で考えたジャンプに名前をつけるとより楽しめます！

盛り上げテクニック

舞台ジャンプ

舞台の上にロイター板を使って上がろう！　できない子はよじ登ってもOK！

空中ポーズ

様々なポーズを示したカードを準備します。

ちゃくピタゲーム

跳び箱から跳びおりて着地し、3秒止めよう！空中で手たたきなどだんだんレベルアップ！

引いたカードと同じポーズを空中でしよう！オリジナルを入れても楽しい！

ポイント!! 楽しみながらジャンプや着地の感覚を身に付けよう！
オリジナルのスーパージャンプを友達と共有して楽しもう！

36 鉄棒遊び
～スイングてつぼう～

| 領域： | 体つくり | ゲーム | 陸上 | 器械運動 | 鉄棒 | 表現 | 水泳 |
| 学年： | 低学年 | 中学年 | 高学年 | 視点： | 競争 | 共創 |

この教材の魅力！

本教材では，いろいろなスイングを使ってゲームを行い，振りを大きくしていくことで，低学年で身に付けたい感覚を習得することができます。

まずどんなぶら下がり方ができるかを考えて共有し，その中で体が振れるものにしぼっていきます。その後，バー落としのゲームを行いながらスイングを大きくする方法を考えていきます。バー落としのゲームをすることで，自分がどれくらいスイングできているかを知ることができ，楽しみながら鉄棒に必要な感覚を養うことができます。

ふとんほしスイング

鉄棒にあたる位置は腰の骨あたりを意識！　はじめは手を持ったままでもOK！

つばめスイング

つばめのまま足を振り，だんだん大きくしていこう！

こうもりスイング

補助として，ふとももと膝の間を友達におさえてもらおう！

単元の流れ（5時間程度）

目標 からだを大きくスイングする方法を考えよう！

どんなぶら下がり方があるかな？ → どんなぶら下がり方ができるか考えよう！

↓

いろいろなスイングをしよう！ ← 友達のスイングをまねしてみよう！

↓

スイングを大きくするにはどうすればいいかな？ → ゲームをしながらスイングを大きくしよう！

指導のコツ！

いろいろなスイング

ゲームを行う前に，いろいろなスイングを体験させましょう。自分でスイングができない子のために子ども同士で補助をできるようにしていきます。ぶら下がった状態で友達にゆらしてもらいましょう！

バー落としゲーム

高さが書いてある棒を使ってゲームをします。棒にかけてあるスポンジのバーに手や足を当てて落とすことができたらクリアで，だんだん高くしていきます。バーを落とす時には，スイングの動きで落とせるように，「①両手（両足）で当てる，②バーの下から当てる」というきまりの中で行っていきます。

○
両手で下から当てて落とす。

×
片手で落としたり，上から当てて落とす。

棒には，大きな洗濯ばさみをつけます。棒に色テープを貼っておくと高さがわかりやすいです！

バーはスポンジ製のものがおすすめ！ 手があたった時に痛くないものがいいです。

盛り上げテクニック

ぶら下がりジャンケン

鉄棒にぶら下がった状態でジャンケン！
ふとんほしや，ぶたのまるやきで行います！

こんなことできますか

友達がしたぶら下がりをまねしてみよう！
同じようにできるかな？

ポイント!! 大きなスイングから低学年で身に付けたい感覚を習得できる！
ゲームから自分がどれだけ振れているかを知ることができる！

37 前転・後転
～みんなで成功！ゴロゴロマット～

| 領域： | 体つくり | ゲーム | 陸上 | 器械運動 マット | 表現 | 水泳 |
| 学年： | 低学年 | 中学年 | 高学年 | 視点： | 競争 | 共創 |

この教材の魅力！

　前転や後転には，日常では味わうことができない回転する感覚を味わうことができます。回転する感覚は，器械運動でとても大切な感覚です。あらゆる技につながっていくので，しっかりと身に付けておく必要があります。安定して回転するには，身体の部位をマットにリズムよく順番に着けていくことが必要です。本単元では，回転する感覚のおもしろさを感じながら，仲間と動きのコツを共有したり，補助し合ったりして，どんどん新しい動きに挑戦していきます。

友だちフラフープ前転補助

友だちリフト（後転補助）

みんなでゆりかご

みんなでゴロゴロ

単元の流れ（6時間程度）

目標 大きく美しい前転・後転をマスターしよう！

いろいろな回転する感覚を楽しもう！ ― マットに身体を順番に着けることが大切！

↓

足をピーンと伸ばして大きく美しく！ ― 大きく美しく回ろう！

↓

発表会をしよう！ ― グループで協力して動きの組み合わせ方を工夫しよう！

88

指導のコツ！

みんなでゆりかご
身体の部位をリズムよく順番にマットに着けていくことを身に付けていきます。この運動をしっかりと取り組んでおくことで，安定した回転につながります。
○教師は「1・2・3・4・5」のかけ声をかける。
○子どもたちは「イー」で後ろに倒れ，「チ」で戻ってくる。続いて「ニー」で後ろに倒れ，「イ」で戻ってくる。「3・4・5」も同じようにすすめる。
○最後の5の時に素早く立ち上がる。

みんなでゴロゴロ
足裏を合わせて座り，両手でつま先をつかんで転がり，起き上がってきます。右回りに転がったり，左回りに転がったり，友達とタイミングを合わせて一緒に転がったりしていく中で，身体の部位をリズムよく順番にマットに着けていくことを身に付けていきます。
○ただ回るだけではなく，4回まわって元の位置に戻ってくるなどのルールをつける。

友だちフラフープ（前転補助）
回転し終わった後，手を着かずに立ち上がれない子どもたちに対する補助の方法です。補助者は技をする人の前にフラフープを持って立っておきます。技をする人は回転し終わった後，フラフープをつかみ補助者に前方へ引っ張ってもらいます。
○フラフープの高さを技をする人の肩の高さに合わせる。

友だちリフト（後転補助）
回転することが難しい子どもたちに対する補助の仕方です。技をする人の腰の部分に帯を巻き付けて，帯の両端を補助者に持ってもらいます。そして回転すると同時に帯を引っ張り，腰が上がるように補助してもらいます。
○補助者は，強く引っ張りすぎないように「斜め上」に引っ張り上げるようにする。

盛り上げテクニック

より美しく！

赤玉
足を伸ばし続けて赤玉を倒します。

帽子
足を閉じて帽子が落ちないようにします。

後転とにかく成功！

手を頭の後ろで組み，両肘を張った形でかまえて回転します。腕全体でマットを押せるので，回転しやすくなります。とにかく成功体験を！

> **ポイント!!** 身体の部位をリズムよく順番にマットに着けて，スムーズに回転しよう！

38 台上前転
～みんなで挑戦！お尻アタック～

領域：	体つくり	ゲーム	陸上	器械運動 跳び箱	表現	水泳
学年：	低学年	中学年	高学年	視点：	競争	共創

▶ この教材の魅力！

　台上前転は跳び箱から落ちるのではないかという恐怖心から技に取り組めないということや,身体が上がらずに前転ができないということがつまずく原因になります。そこで本教材では,場の工夫や仲間の補助によって,それらのつまずく原因を解決していきます。

　また,仲間同士で身体を動かすコツを共有したり,アドバイスをしながら活動をしていくことで,技の習得に挑戦していきます。

友だちマット

お尻を上げる

友だちリフト

お尻しっかり上がっているよ！

お尻アタック

単元の流れ（6時間程度）

目標 大きく美しい台上前転をマスターしよう！

- 階段跳び箱でお尻を徐々に高く上げて回転しよう！ → **台上前転に挑戦！** ← 友だちマット,一段跳び箱,細道マットで恐怖心を克服
- **技を大きく美しくしよう！** ← 足をピーンと伸ばして大きく美しく
- **発表会をしよう！**

指導のコツ！

恐怖心を克服しよう！

〈友だちマット〉

マットを跳び箱の上にしき，両端をグループの仲間に持ち上げてもらいます。そうすることで，横に落ちる恐怖心がなく技に取り組むことができます。

〈まっすぐマット〉

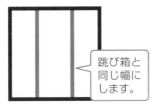

跳び箱と同じ幅にします。

マットに跳び箱の幅になるようにラインテープを2本貼ります。そのラインからはみ出すことなくまっすぐ前転をすることを意識します。そうすることで，まっすぐ回れば跳び箱から落ちることはないと恐怖心の克服につなげます。

〈落下マット〉

舞台から前転して，セーフティマットへ落下します。何度も落ちる感覚を味わうことで，落下する恐怖心を克服します。

お尻を上げよう！

〈4段3段～4段2段〉

跳び箱を二台用意します。手前の跳び箱に跳び乗り，奥の跳び箱に手を着きます。そこから奥にある跳び箱前方に手を着き，「123！」のかけ声でお尻を2回上げて，3回目で前転をします。

〈友だちリフト〉

グループの仲間に両端から腰を持ってもらい，「123！」のかけ声で腰を持ち上げてもらいます。

〈お尻アタック〉

跳び箱に手を着き，ロイター板でお尻を高く上げるように跳ねます。目安としてゴムひもを張るなどして，どれだけお尻を上げればいいのかを視覚化するといいでしょう。

盛り上げテクニック

　グループ活動の際に見合うところをしぼることで，子どもたちの話し合い活動を盛り上げて，技の習得や洗練化につなげていきます。デジタルカメラなどのICT機器を使うとより詳しく見合うことができます。

見合いポイント

お尻が頭より上がっているか

足がそろっているか・足がまっすぐ伸びているか

☆これらのポイントを子どもたちの技の習熟度を見極めて，習熟度に合った見合いポイントを子どもたちに提示します。

ポイント!! お尻を高く上げてクルッと回ろう！

39 かかえこみ回り
～振って振って回ろう！～

領域：	体つくり	ゲーム	陸上	器械運動	鉄棒	表現	水泳
学年：	低学年	中学年	高学年	視点：	競争	共創	

▶ この教材の魅力！

　かかえこみ回りには，連続して何度もグルグルと回ることができるおもしろさや見ている子どもたちが「すごい技だ！」「できるようになりたい！」というような憧れを抱くような迫力があります。また，前回りや後ろ回り，手を交差させることなど，様々な回り方を選べるおもしろさもあります。

　本単元では，動きのおもしろさを感じることを大きな目標にして進めていきます。単元の初めには，かかえこみ回りができるまでに必要な「逆さになって脱力する感覚」「振る感覚」のおもしろさに触れていきます。そして単元中盤では，かかえこみ回りに挑戦して，前方や後方へ回転する感覚のおもしろさを味わいます。子どもたち同士でコツを共有したり，補助し合ったりする中で新しい動きの感覚を味わえた時には，子どもたちはみんなで喜び合って大盛り上がりです。

いろいろなかかえこみ回り　　　　　　　　　　　　手を交差

単元の流れ (6時間程度)

目標 かかえこみ回りをマスターしよう！

逆さまになって、ゆらゆら揺れてみよう！ ← 脱力して揺れる感覚を楽しむ

↓

補助具や仲間の補助の力で技に挑戦！ → 大きく揺れて回転してみよう！ ← 揺れる先に回転あり！

↓

発表会をしよう！ ← できるようになった動きをみんなに見せよう！

指導のコツ！

スーパーふとん干し

かかえこみ回りをするにあたってまず大切なのは，正しい位置で身体を支持して脱力することです。
○足の付け根で支持（足首を90度にする）。
○上半身をできるだけ脱力させる。

足の付け根で支持するのは少し怖いですが，初めにこの姿勢でしっかりと脱力することで，大きく身体を振ることにつながります。

ブランコ

正しい位置で身体を支えて，脱力することができるようになったら，膝を曲げ伸ばしして，身体を振っていきます。振ることに慣れてきたらどんどんと大きく振っていきます。その時に大切なのが肘と胴で鉄棒を挟みこむことです。
○脇をしっかりと締めて，太ももの裏をかかえる。

大きく振っていくと，安全面が気になってきます。しっかりとこの動きを抑えておけば，身体が鉄棒から落ちることはありません。

ブランコからのかかえこみ回り

大きく身体が振れてくるといよいよ回転に挑戦です。膝の曲げ伸ばし，首の背屈，腹屈をタイミングよく行うことが大切になってきます。グループで声をかけ合ってタイミングをつかんでいきましょう。
○かけ声例：目線かけ声「校舎！」「塀！」／オノマトペかけ声「スーッ」「グッ！」／動き方かけ声「伸ばして！」「曲げて！」できるようになれば，何回連続で回れるかに挑戦！

足首を90°に固定することで，足の付け根でしっかりと支持できるようになります

くるりんベルトなどの補助具を使って，思いきり振る楽しさを味わおう

1人で振るのが難しい場合は，同じグループの人に押してもらおう

補助をする際に，下方向に勢いをつけてしまうと落下する危険があります　上方向に持ち上げるように補助しましょう

盛り上げテクニック

いろいろなかかえこみ回りに挑戦！

つばめからかかえこみ回り

ダッシュかかえこみ回り

手を交差してレベルアップ

ポイント!! 鉄棒運動に必要な様々な感覚を楽しみながら身に付けよう！

40 ロンダート
～勢いをつけてはねよう！～

領域：	体つくり	ゲーム	陸上	器械運動 マット	表現	水泳

学年：	低学年	中学年	高学年	視点：	競争	共創

この教材の魅力！

　ロンダートは回転力のある側方倒立回転ができることが必須の条件となります。しかし，勢いのある回転を，マット運動を苦手とする子に保証することは大変難しいことです。ましてや，子ども同士の補助は大変難しいです。そこで本教材では，スモールステップの段階（コツ）を仲間と確認しながら，それらのつまずく原因を解決していきます。

　また，仲間同士で身体を動かすコツを共有したり，アドバイスをしたりしながら活動をしていくことで，技の習得に挑戦していきます。

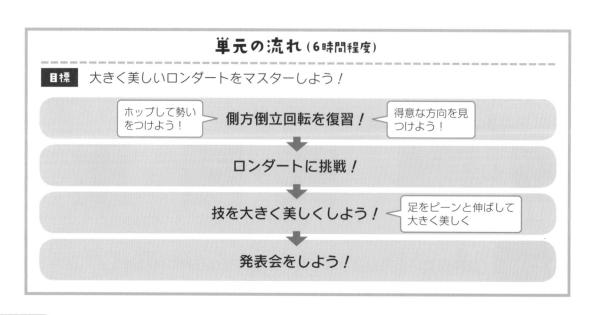

指導のコツ！

得意な方向を見つけよう！
　人によって，左手の着手から始まる方が得意な場合と，右手の着手から始まる方が得意な場合があります。ロンダートは回転の勢いが必要なので，まずは得意な方向でコツを見つけることが大切です。

ホップ側方倒立回転の習得
　先に着手する方と反対の足で，片足ホップをしてから，側方倒立回転を行います。すると，勢いよく回転することにつながります。

マットのラインを意識
　側方倒立回転を行う際に，マット上に引いたラインテープ上に，手足が着くようにします。特に着地においてはテープ上に着地し静止することを意識させます。

ロンダートの跳ねと着地の習得
　ロンダートは空中で足をそろえて着地に向かいます。着地の際，進行方向に対して反対を向くようにしましょう。
　よく勘違いされるのが，手で押してはねているということです。実は回転力があると，足をそろえて着地に向かえば，自然とはねを習得できます。

盛り上げテクニック

フラフープに着地！

だんだん小さいフラフープにすると盛り上がります

ゴム紐跳びこし！

だんだん高い位置にゴムひもを上げると盛り上がります

ポイント!! 　回転力をつけてかっこよくはねよう！

41 首はね跳び
～味わおう！浮遊感～

領域：	体つくり	ゲーム	陸上	器械運動 跳び箱	表現	水泳
学年：	低学年	中学年	**高学年**	視点： 競争 共創		

この教材の魅力！

　首はね跳びははねた後の浮遊感が大変魅力的です。しかし，苦手な子にとっては，場の設定の工夫や補助を受けないとなかなか味わうことができません。ですから，初めは跳び箱を使わず，マット上で仲間の補助を受けて，その浮遊感を味わい楽しむところから始めます。

　そして，十分に感覚をつかんだ後，ポイントやコツを仲間同士で共有しながら，学習していきます。

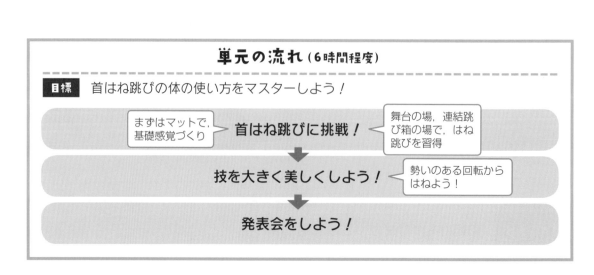

単元の流れ（6時間程度）

目標 首はね跳びの体の使い方をマスターしよう！

- まずはマットで，基礎感覚づくり → **首はね跳びに挑戦！** ← 舞台の場，連結跳び箱の場で，はね跳びを習得
- **技を大きく美しくしよう！** ← 勢いのある回転からはねよう！
- **発表会をしよう！**

指導のコツ！

首はね跳びをマスターしよう

①つの字からのアンテナ

友達が持っているミニクッションに向かって足を伸ばす。

②両手引っ張り起こし

2人の補助で「せーの」のかけ声に合わせてはねます。それに合わせてタイミングよく引っ張り上げます。

③舞台の上からはねる！

舞台上のマットで，前転からつの字をつくり，セフティーマットにはねます。

④連結跳び箱からはねる！

跳び箱の上でつの字をつくった状態からはねます。

  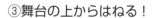

⑤首はね跳びに挑戦！

盛り上げテクニック

舞台で補助してはねる！

舞台から体を投げ出した後，少しだけ背中に手を添え，押し上げましょう！
想像以上の浮遊感が味わえます。

首はね高跳び

ゴムひもをセットし高跳びの要領で越えることができるかチャレンジします。

ポイント!! 浮遊感を楽しみながら，技を大きく美しくしよう！

器械運動

42 巴（ともえ）
～宇宙遊泳をしよう！～

領域：	体つくり	ゲーム	陸上	器械運動　鉄棒	表現	水泳
学年：	低学年	中学年	**高学年**	視点：	競争	**共創**

▶ この教材の魅力！

　巴（ともえ）は，後方支持回転の発展技で，鉄棒に腰をつけず回転を行う技です。そのダイナミックな勢いのある回転は，見るものを引きつけます。また，その中で感じる遠心力は「まるで宇宙遊泳みたい」と子どもたちから感想が出るくらい，非日常的な感覚が味わえます。

　本単元では，単元の初めには，補助具を用いての後方支持回転の学習から始まり，苦手な児童でも，後ろ向きに思いっきり倒れる爽快感に触れていきます。そして単元中盤では，伸身後方支持回転に挑戦して，最後には，腰を鉄棒につけない伸身後方支持回転（巴）に挑戦します。

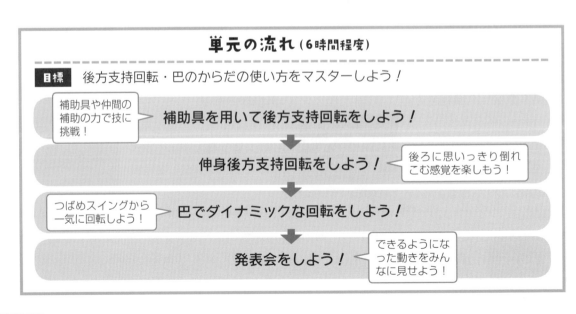

単元の流れ（6時間程度）

目標 後方支持回転・巴のからだの使い方をマスターしよう！

- 補助具や仲間の補助の力で技に挑戦！ → **補助具を用いて後方支持回転をしよう！**
- → **伸身後方支持回転をしよう！** ← 後ろに思いっきり倒れこむ感覚を楽しもう！
- つばめスイングから一気に回転しよう！ → **巴でダイナミックな回転をしよう！**
- → **発表会をしよう！** ← できるようになった動きをみんなに見せよう！

指導のコツ！

巴（ともえ）へのスモールステップ

①タオル後方支持回転

初めは全員できるところから始めることが大切です。そこでタオルを使います。腰付近をタオルで包み込むと，どれだけゆっくり回転しても後方支持回転ができます。また，包み込まれている感覚から，安心感につながります。

②伸身後方支持回転

あごを開いて一気に後ろに倒れこむ感覚が身に付いてくると，体を伸ばしたままでも回転できるようになってきます。

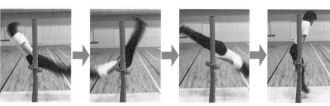

③巴（ともえ）

手は伸びきったまま，勢いよく体を倒します。腰は鉄棒に全く着きません。

フィニッシュは伸身後方支持回転とは違いマットの上になります。

盛り上げテクニック

地獄回り

体を伸ばしたまま回転する，感覚を身に付ける，あごを開いて一気に倒れこむ感覚をつかむには大変有効です。

宇宙遊泳

くるりんベルトを装着し，体を伸ばしたまま，全体重を預けます。伸身の状態で前回り，後ろ回り自由自在，伸身状態での体の操作を学びます。

ポイント!! 補助具を用いて誰でもできるところからはじめよう！

43 サークルまねっこダンス
～お友達のダンスをまねて踊ろう～

領域：	体つくり	ゲーム	陸上	器械運動	**表現**	水泳
学年：	**低学年**	中学年	高学年	視点：	**競争**	共創

この教材の魅力！

　本教材では，二重のサークルをつくって向かい合って踊ります。外側にいる子がぐるぐると回って，向かい合った内側にいる子のダンスをまねして踊ります。踊り終わったら外側の人が1人ずつ回ります。回るタイミングは，教師が太鼓やかけ声などで子どもたちに指示をします。
　このサークルまねっこダンスには2つのよさがあります。1つ目は，サークルでたくさんの人と一緒に踊ることにより，いろいろな人の動きをまねして自分のダンスのレパートリーを増やすことができます。2つ目は，まねっこすることで，ダンスが恥ずかしくて踊れない子や苦手意識を持っている子も，安心してダンスに取り組むことができることです。

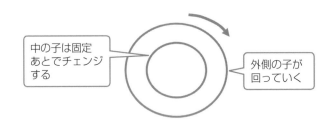

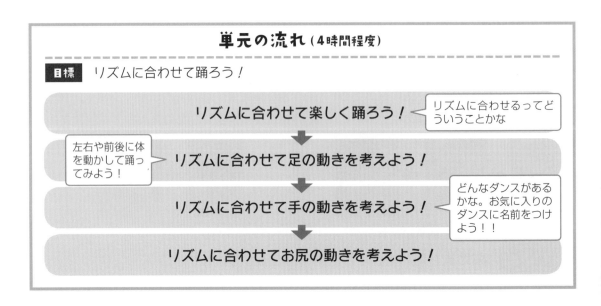

指導のコツ！

まずは先生のまねっこダンスをしよう！

手拍子から入り，子どもたちに拍を意識させます。そのあと，体の部位を意識させるために，タッチなどをしながら踊りにしていきます。先生が身に付けさせたい動きを取り入れながら踊りましょう。

オノマトペから連想されるダンスを考えよう！

低学年の発達段階では，オノマトペから動きを考えることが有効的です。「ぐるぐる」「ふりふり」「グーチョキパー」「ねじねじ」「ジャンプ」などの言葉から「お尻ふりふりってどんなダンスができそう？」などと子どもたちに発問し，動きを広げていきます。

お気に入りのダンスに名前をつけよう！

自分のダンスに名前をつけていきます。考えたダンスを付箋に書いてイラストに貼っていきます。「これはどんなダンス？」と問うことで，その動きを広めていきます。また，自分でオリジナルダンスを考え，ネーミングすることで意欲が継続します。

動きの例

(足)	(手)	(腰)
キック	キラキラ	ふりふり
グーパー	クラップ	前後
ジャンプ	くるくる	きゅっきゅっ
スキップ	ウェーブ	

吹き出しに動きを書き込んでいこう！

くるくる

ウェーブ

盛り上げテクニック

サークルを反対周りにする

先生の指示で，いきなりサークルを反対周りにするルールをつくることで，子どもたちの気分も変わったり，同じ人であっても前のダンスとは違うダンスを踊ることができます！

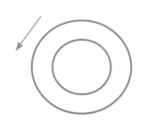

交代の時にハイタッチ

サークルを回る時に，向かい合っている人とハイタッチをして回ります。ハイタッチすることで，自然に笑顔が生まれます！

ポイント!!　オノマトペを使って，多様な動きを導き出そう！

44 2人組でダンスバトルパーティー！

領域：	体つくり	ゲーム	陸上	器械運動	**表現**	水泳
学年：	低学年	**中学年**	高学年	視点：	**競争**	共創

この教材の魅力！

本教材では，2人組で体育館全体を動き回りながら踊ります。2人組で動く時には，自由にかかわり合います。つまり，相手との距離を遠くしたり近くしたり，模倣したり模倣しなかったりしながら踊ります。その中で相手がした動きを模倣できるか競ったり，相手がした動きとは別の動きで返せるかを競ったりします。

この教材のよさは3つです。1つ目は，動きが大きくなることです。自由に動き回ることで，自然に開放感が生まれて大きく踊ることにつながります。2つ目は，仲間の動きを踊りながら見られることです。体育館の中で，たくさんのペアがいろんな方向に動き回るので，子どもたちは踊りながら他のペアの動きを見ることができます。3つ目は，2人組にすることで相手とのかけ合いを楽しめることです。模倣したり模倣しなかったりするおもしろさや，模倣されたり模倣されなかったりするおもしろさを感じることができます。

単元の流れ（5時間程度）

目標 友達と自由にかかわり合って踊ろう！

- 身体の部位を動かしたり，仲間の動きに合わせたりして踊ろう！ → **いろんなリズムに合わせて踊ろう！**
- **動きを工夫して踊ろう！** ← 大⇔小，速⇔遅の変化をつけて踊ろう！
- クラスみんなで自由にかかわって踊ろう！ → **ダンスバトルパーティーをしよう！**

指導のコツ！

動きを導き出すコツ1

子どもたちから動きを導き出すために場所を動かずに「ダンスバトル」を行います。これは相手の動きを見て自分の動きを決めるゲームです。ダンスを考えやすくするために，まず中心部位を決めます。「手」が中心部位だとすれば，主に「手」を使ったダンスをします。1人目がした「手」を使ったダンスとは別の「手」を使ったダンスを2人目はします。その繰り返しです。どんどん動きを出せるか競争してみましょう。

1人目の動き　→　2人目の動き

動きを導き出すコツ2

「ダンスバトル」の後には，「サークルバトル」を行います。これは，「43 サークルまねっこダンス」と同じく，二重の円になり向かい合って踊る活動です。これも「ダンスバトル」と同じように中心部位を決め，お互いに動きを出し合います。向かい合った児童と動きを出し合い，教師の交代の合図があれば外側の円の児童が回って次の児童とペアを組みます。ペアを変えていくことで他の友達の動きを知ることができます。

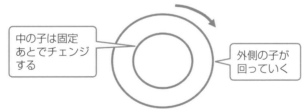

中の子は固定あとでチェンジする　／　外側の子が回っていく

盛り上げテクニック

「ダンスバトル」で交代のタイミングをはやくする

基本的に，1人目から2人目への交代は8×2で行います。しかし，子どもたちが慣れてくると交代を8×1で行ったり4カウントで交代したりすると，テンポがはやくなりドキドキ感が高まります。

> **ポイント!!** かけ合って踊ることで相手を意識して，楽しくかかわろう！
> 動き回って自由に踊ることで，わいわい楽しい雰囲気に！

45 チームでつくる！部位でダンスメドレー
～ペアでつくったダンスの楽しさを競え～

領域：	体つくり	ゲーム	陸上	器械運動	**表現**	水泳
学年：	低学年	中学年	**高学年**	視点：	**競争**	共創

この教材の魅力！

　本教材では，6人程度のチームで3曲のダンスメドレーを完成させます。ダンスを考える時には，2人で1曲を考えます。そうすることで，自分の担当部分ができ，全員が創作することを保証できるよさがあります。そして2人で考えたダンスを他のチームのメンバーに伝えます。その際，どのペアのダンスが楽しんで踊れるかを競います。

　1曲は1分程度で「はじめ・中・終わり」の構成にします。ダンスを考える時には，3つの構成でどの部位を中心にしてどう動かすかを考えます。そうすることで，ダンスを考えやすくなるよさがあります。

リズムダンス　ワークシート

	はじめ	中	終わり
中心部位			
考えたダンスのメモ			
仲間とのかかわり	Aチーム⇔Bチーム	2人組	全体

単元の流れ（6時間程度）

目標　リズムに合わせて動きに変化をつけて踊ろう！

いろんなリズムに合わせて踊ろう！
- 身体の部位を動かしたり，仲間の動きに合わせたりして踊ろう！
- 同じグループの仲間と動きを組み合わせよう！

↓

それぞれで考えた動きを組み合わせよう！
- 中心部位を決めて考えよう！

↓

動きを高めよう！
- 高⇔低，速⇔遅の視点で高めよう！

↓

みんなのダンスメドレーを踊ろう！
- 完成したメドレーを交流しよう！

指導のコツ！

動きを導き出すコツ

どう動いていいのかを考えやすくするために中心部位（主に動かす部位）を決めます。準備運動では，教師が「手をたてに動かそう！」と部位をどのように動かすかを紹介します。児童はそれを模倣したり，自分でどのように動かすかを考えたりします。

①首	②足	③手	④へそ	⑤腰
たて	たて	たて	たて	たて
よこ	よこ	よこ	よこ	よこ
ゆっくり	ゆっくり	ゆっくり	ゆっくり	ゆっくり
はやく	はやく	はやく	はやく	はやく
まわす	まわす	まわす	まわす	まわす
	はねる	手拍子		ねじる

動きを高めるコツ

「動きを高める」には，「1人の動きを高めること」と「仲間との動きを高めること」があります。どちらも動きを「高く⇔低く」工夫できるか，「速く⇔遅く」工夫できるかという視点で動きを高めます。自分たちの考えたダンスのどの部分で工夫ができるのかを子どもたちに考えさせます。

盛り上げテクニック

他の班のダンスをまねする

他の班のダンスメドレーをみんなで踊ることで，仲間が考えたダンスを知り，仲間と一緒に楽しむことができます。また，多様な動きを知ることができます。

準備運動「リーダーに続け！」

教師が指定した部位を中心にリーダーが踊ります。他の仲間はそれを模倣します。どんな動きが出るのかわくわく感が高まります。

> **ポイント!!** 仲間と協力して「はじめ・中・終わり」を完成させよう！
> 中心部位を決めることでダンスの構成や工夫を考えやすくしよう！

46 アニマルかるた
～どんなアニマルがでてくるかな～

| 領域： | 体つくり | ゲーム | 陸上 | 器械運動 | **表現** | 水泳 |
| 学年： | **低学年** | 中学年 | 高学年 | 視点： | 競争 | **共創** |

この教材の魅力！

　動物の写真が裏にあるかるたを体育館に広げます。グループでかるたをめくり，その動物になりきって表現します。教師は，事前に子どもたちがイメージしやすいような動物を選び，かるたを作ります。グループは，2～3人のグループをつくって回っていきます。

　この教材のよさは2つ。1つ目は，子どもたちがイメージしやすい身近な動物を題材にしていること。2つ目は，かるたを引く楽しさです。子どもたちは次に何がでてくるのかドキドキ感を楽しむことができます。何度も引くことにより様々な動物になりきることができます。

アニマルかるた

表　　　　　　　　　　裏

　　　　　　　　　　　リス　　　　ライオン　　　ペンギン

単元の流れ（6時間程度）

目標　動物の特徴をとらえて全身で踊ろう！

アニマルマップを作ろう！　←　例）ライオンで思い浮かんでくることはどんなことかな

↓

もっとライオンらしくするにはどうすればよいかな　→　先生のまねをしてアニマルになりきろう！

↓

アニマルかるたをひいてアニマルになりきろう！　←　○○さんのグループは○○になりきっているね！どんな動きがいいんだろう

↓

アニマル探検へ行こう！

106

指導のコツ！

まずはまねっこしよう！
まずは教師の模倣からスタートです。教師自身が恥ずかしさを振りきり，思いきり動物になりきって表現しましょう。また，よい動きをしている児童のまねをするのもよいでしょう。

イメージマップを作ってイメージを膨らませよう！
動物のイメージをより広げて表現させるために，動物の映像や写真などを提示します。また，授業が進むにつれ，イメージの吹き出しも増やしていきます。

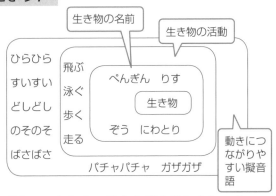

動物クイズをしよう！
何の動物になりきっているのか，グループごとで発表しながら当てっこのクイズ大会をします。工夫して表現しているグループ，全身を使って表現できているグループなどを価値づけて，よりよい動きを導き出しましょう。

盛り上げテクニック

かるたの内容をプラスしていこう！　～動物の動きに変化をつけよう～
かるたの内容を動物の写真だけでなく，動物が〇〇しているような写真にして，イメージをしやすいようにします！

雰囲気をつくるために音楽をかけてもGOOD！
かるたを体育館にばらまいた後は，3～4人で動物探検にでかけます。雰囲気づくりに，探検にぴったりの曲などをかけるとGOOD！

♪ JUNGLE BOOK(Disney)
♪ STAR WARS テーマ曲
♪ 動物の謝肉祭
　　　など

ポイント!! 先生が模倣をする時に…
つけさせたい動きを意図的に取り入れて表現すればGOOD！

47 レッツ クッキング♪
～どんな料理ができるかな～

| 領域： | 体つくり | ゲーム | 陸上 | 器械運動 | **表現** | 水泳 |
| 学年： | 低学年 | **中学年** | 高学年 | 視点： | 競争 | **共創** |

この教材の魅力！

　本教材では，料理のイメージカードから，はじめと終わりをつけてひと流れの動きを表現します。4～5人のグループをつくり，様々な料理を表現します。また，レシピを使ってさらにおいしい料理を作るための工夫を考えます。

　この教材のよさは3つあります。1つ目は，料理のはじめと終わりをつけることでひと流れの動きがつくり出され，料理の過程を表現できることです。2つ目は，おいしくなるレシピを使うことにより，つけさせたい動きを自然と導くことができ，よりよい動きが出ることです。3つ目は，オノマトペなどを使って口伴奏をつけやすく，動きのイメージを持ちやすいことです。

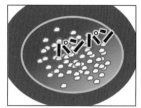 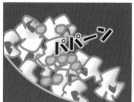  

単元の流れ（6時間程度）

目標 表したい感じをひと流れの動きで踊ろう！

- クッキングしたい料理のイメージマップを作ろう！　　〈どんな料理を表現したいかな〉
- ↓
- 〈ふわふわ，ぐるぐるなどイメージした音を表現しよう！〉　○○をクッキングしよう！
- ↓
- おいしくなるレシピを使ってさらにおいしくする工夫を考えよう！
- ↓
- いろいろ○○クッキングを見せ合おう！　〈より○○に近づけるためにはどんな工夫が必要かな〉

指導のコツ！

イメージカードから料理を考えよう！

「はじめ・終わり」を考えることにより，ひと流れの動きをつくりやすくします。料理のはじめ，そして，作り終わった後をしっかりとイメージします。

口伴奏をつけて，動きをイメージしやすくしよう！

例えば，ポップコーンを表す場合，はじめ「コロコロ炒めてだんだん大きくなって〜ポンッポンッポンッパーンでき上がり」などの一流れの動きに口伴奏をつけていきます。より，その料理を表現するためにどんな音をイメージするのか子どもたちから出させましょう。

おいしくなる調味料を使ってよりおいしい料理に仕上げよう！

おいしくなる調味料には，子どもたちに意識させたい動きを載せておきます。調味料のような感じで，今の動きにさらにエッセンスを加えておいしくする（動きをよくする）工夫を考え，動きにプラスしていきます。

ポップコーン
- はじめ 固いコロコロした感じ
- おわり ふわっとした感じ

〈おいしくなる調味料〉
①踊る場所にエッセンス
　集まる⇔広がる
②体にエッセンス
　高い⇔低い　ねじる　回る　転がる
③動きにエッセンス
　速い⇔遅い　動く⇔止まる
④友達との動きにエッセンス
　くっつく　まねる

盛り上げテクニック

音楽をかけて雰囲気をつくろう！

曲の編集をすると，子どもたちの動きも自然と変わってきます。また，教師が意図して，曲の秒数などを決めて編集すると，マネジメント面でも子どもを動かしやすくなります。

♪3分クッキング
♪きょうの料理
♪ラグ　タイム　オン　ザ　ラグ
など

同じ料理をグループで見せ合おう！

同じ料理でも違う表現をしているので，何がよいのかをお互いに伝え合い，よりよい動きにするために，どんなエッセンスが必要かを考えます！

ポイント!! はじめと終わりをつけることで…一流れの動きが表現しやすくなる！

48 仲間とともに非日常へ！

| 領域： | 体つくり | ゲーム | 陸上 | 器械運動 | **表現** | 水泳 |
| 学年： | 低学年 | 中学年 | **高学年** | 視点： | 競争 | **共創** |

この教材の魅力！

　本教材では、6人程度のチームで「はじめ・中・終わり」から構成される非日常感あるストーリーの作品をつくります。はじめ2つ、中2つ、終わり2つの合計6つのパートを作成し、1人ずつ担当するところを決め、チーム全員参加で創作します。

　この教材のよさは2つあります。1つ目は、それぞれの子どもたちが主役になれることです。自分が担当するところは自分が中心になって考えるので、全員が当事者意識をもって参加することができます。それを1つの作品にすることでともに作品をつくることになります。2つ目は、没頭させるためのストーリーです。非日常感のあるストーリーにすることで、子どもたちが表現の世界に入りやすくなります。

構成	はじめ①
担当者	
ストーリー	
オノマトペ	
動きのメモ	

一人ひとりが考えるためのワーク

単元の流れ（6時間程度）

目標　イメージに合わせて仲間と身体で表現しよう！

いろんな体の部位を動かそう！　← 身体の部位を動かし、身体でどんなふうに表現できるか知ろう！

↓

ストーリーに合わせて踊ろう！　← これまでに学んだ動きを使おう！

↓

仲間とそれぞれのパートを合わせよう！　← 同じグループの仲間と動きを組み合わせよう！

↓

作品を披露しよう！　← 完成した作品を見合う

110

指導のコツ！

オノマトペでイメージを言語化する

1つの出来事がどのような様子なのかをイメージして身体で表現しやすくするために，ストーリーに合ったオノマトペを考えさせます。実態によって教師がオノマトペの例示を出し，その中から選ぶという支援をする方法もあります。

〈オノマトペの例〉
ドカドカドカーン
クルクルクルクル
ニョロニョロニョロニョロ
モコモコモコモコ
ピョーンピョーンピョーンピョーン
ゴロリゴロリゴロリゴロリ
シュシュシュシュ
バリバリバリバリ
ヘロヘロヘロヘロ

非日常感あるストーリーを選ぶ

普段子どもたちが経験しない設定にして，変化のあるストーリーにすることで没頭し，身体を使って表現しやすくなります。

（例）地球・宇宙・環境問題・大変だ〇〇・世界旅行・探検　など

カードで準備運動！

高学年では「群」の動きをめざします。そこで準備運動では，群の動きが入ったカードを使います。例えば，「集まってしゃがむ⇔離れる」などです。ここで経験した動きを自分たちが表したいイメージに合わせて使えるようにしています。

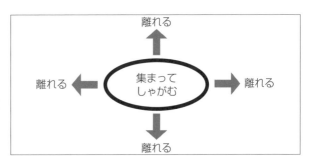

盛り上げテクニック

他のグループと交流

単元途中で他のグループの作品を見て交流することで工夫を取り入れられます！

> **ポイント!!** 仲間と協力して「はじめ・中・終わり」を完成させよう！
> 非日常感のあるストーリーで盛り上がろう！

49 小プールでフレンドパーク
～競って成長～

領域：	体つくり	ゲーム	陸上	器械運動	表現	**水泳**
学年：	**低学年**	中学年	高学年	視点：	**競争**	共創

▶ この教材の魅力！

　本教材では，リレーや宝探しなど相手（チーム）と競い合うことで，楽しみながら「水の中を移動する運動遊び」と「もぐる・浮く運動遊び」を中心に学習を展開します。相手に勝つために夢中になって活動する中で，いつの間にか水に慣れていたり，水中での身体操作ができるようになっていたりすることをめざします。

　水遊びの経験が極端に少ない児童は顔が濡れることを嫌がるので，シャワーや顔洗いなどで徐々に慣れさせていきます。水をかけ合う遊びの中で，水しぶきがついても大丈夫である事実に価値づけていきましょう。

　中学年以降の水泳運動にもつながるもぐる感覚や水中で息を吐きだす感覚を，競い合いの遊びの中で見つけられるのが，この教材の持つよさです。

○安全に水遊びできる心得を守る
○水中で顔や体が濡れても楽しく遊ぶ
○水に顔をつけられる
○友達と一緒に活動できる
○いろいろな方法で水中を移動する
○もぐったり浮いたりして遊べる

低学年で育みたい態度

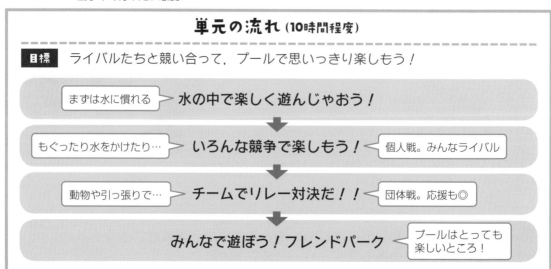

単元の流れ (10時間程度)

目標 ライバルたちと競い合って，プールで思いっきり楽しもう！

まずは水に慣れる → 水の中で楽しく遊んじゃおう！

もぐったり水をかけたり… → いろんな競争で楽しもう！ ← 個人戦。みんなライバル

動物や引っ張りで… → チームでリレー対決だ！！ ← 団体戦。応援も◎

→ みんなで遊ぼう！フレンドパーク ← プールはとっても楽しいところ！

指導のコツ！

楽しい遊びの中に学習内容を含ませる！！

例えば「おでこボールリレー」なら，必然的に口や鼻が入水して息を吐くことになります。単純に「もぐろう」「水中で息を吐こう」と言わなくても，自然と学習場面は出てきます。水のかけ合い勝負では，顔を手で拭いたら負けです。同時に何組も勝負することで，周りの水もかかってくるため，顔が濡れることは不可避となります。

みんなが楽しめるように工夫

宝探しで前回成功した児童は赤色の宝だけと限定したり，潜りっこ対決ではリンボーダンスの様に高さを選択させたりすることで，苦手な児童にも楽しめるよう配慮します。じゃんけんなどの不確定要素を取り入れることで，楽しい雰囲気を高めるとともに，やや消極的な児童の参加も促していきます。

苦手な児童への手立て例
・友達のマネをすることから始める。
・先頭ではなく，後ろについていくことで水流の力も利用させる。
・必ず活動の中心にいなくてもよい。
・バケツ水入れなど，苦手な児童の方へ教師自身が移動することも効果的。
・活動内容に差を設けて，できそうな段階から取り組めるようにする。

水かけ　守って　じゃんけんぽん

盛り上げテクニック

個人戦も楽しんで

バケツ水入れ対決

透明バケツにしたりアヒルのおもちゃを入れたりして可視化します

ボール沈め競争

ボール沈め競争にも，もぐる必然性が含まれています

リレーの中に学びの要素を！

フープリレー

フープリレーでは脱力感も必要になります

おでこでボールリレー

おでこでボールリレーなら気づかぬ間に入水できるかも!?

ポイント!! 子どもが夢中になって遊ぶ中に，授業者の意図を含ませること！
授業者も一緒になって，笑ったりはしゃいだりして楽しみましょう！

50 クラゲ名人選手権
～進化をめざして～

領域：	体つくり	ゲーム	陸上	器械運動	表現	**水泳**
学年：	低学年	**中学年**	高学年	視点：	**競争**	共創

▶ この教材の魅力！

　本教材では、「脱力感（浮くこと）」と「初歩的な泳ぎ」を中心に学習を展開します。低学年で水遊びをたっぷり楽しんだ児童は、大プールへ移動して「早く泳ぎたい」という気持ちを抱くことでしょう。そんな子どもたちへ「実は、水と一番仲良くしている生き物は○○○かもしれないね」と単元を開始します。ペアやグループで、誰が一番水と仲良くできるか競争します。

　クラゲ名人になれたところで、ペア（水流役）の補助により移動も楽しみます。クラゲ家族は手や足をつなぎ、大移動にも挑戦します。家族対抗選手権も、盛り上がるでしょう。

　クラゲ対決に満足して、自分で動きたくなったところが学習を始めるタイミングです。足や手の動作を追加していく中でも、進化ゲームを取り入れて楽しみながら向上していきます。全員同じスタートラインから学習を積み重ねられるのが、この教材の持つよさです。

○体の力を抜いてリラックス
○たっぷり息を吸い込んで、体を風船のように
○背浮き、伏し浮き、だるま浮き、大の字浮き、いろいろ試してみる
○補助具やペアの活用も可

浮くためのポイント

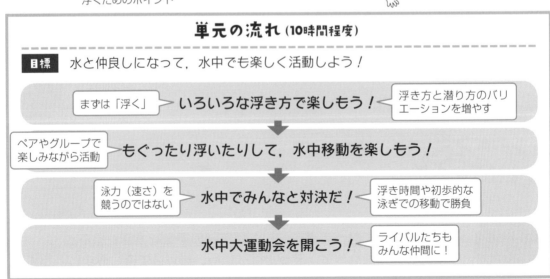

単元の流れ（10時間程度）

目標 水と仲良しになって、水中でも楽しく活動しよう！

- まずは「浮く」 → いろいろな浮き方で楽しもう！ ── 浮き方と潜り方のバリエーションを増やす
- ペアやグループで楽しみながら活動 → もぐったり浮いたりして、水中移動を楽しもう！
- 泳力（速さ）を競うのではない → 水中でみんなと対決だ！ ── 浮き時間や初歩的な泳ぎでの移動で勝負
- 水中大運動会を開こう！ ── ライバルたちもみんな仲間に！

指導のコツ！

ストーリー性とゲーム性のある展開を!!

だるま浮きや大の字浮き，伏し浮きなど様々な浮き方を変身させていくことも効果的です。「だるまさんが大きくなって，とんがった」などと，ストーリー性をもたせてみましょう。また，競争のあるゲーム性を仕組むことで，中学年児童はより一層熱中して取り組むことが期待できます。各活動の中で，身に付けさせたい動きを授業者ははっきり持つことが大切です。

児童と一緒に考える

全てを児童に任せると，ねらいとする動きは出にくくなるかもしれません。逆に全て教師発だと，児童は受け身な学習しか展開できません。「蹴伸び姿勢を必ず使って，競争プログラムを考えてみよう」などと呼びかければ，蹴伸びリレーや距離計測対決など，主体的な学習の実現につながります。

> 「ゲーム性」のある水泳学習例
> ・バタ足ビート板相撲
>   同じビート版を双方向から持ち，バタ足で押し切れれば勝ち。
> ・だるま浮きバウンド競争
>   ペア活動のだるま浮きバウンドで，多く浮き沈みできれば勝ち。
> ・蹴伸びのみリレー
>   横向きプールで，1人1往復の蹴伸び移動を制限時間内に多くできたチームの勝ち。

バタ足ビート板相撲

盛り上げテクニック

競争を取り入れた活動

泳力差が大きい場合は，スタートの位置や時間を変えます

じゃんけんやくじ引きなど，不確定要素も盛り上がります

グループ化して盛り上げる

対抗リレーでは，各チームの組み分け方に配慮します

サーキットラリーのようにして，複合的にも楽しめます

ポイント!! 対戦形式を取り入れることで，互いに高め合う関係に！
勝っても負けても笑顔が広がり，意欲と泳力の両方アップ！

51 競い合いで生まれる絆
～みんなで泳力向上～

| 領域： | 体つくり | ゲーム | 陸上 | 器械運動 | 表現 | **水泳** |
| 学年： | 低学年 | 中学年 | **高学年** | 視点： | **競争** | 共創 |

この教材の魅力！

　本教材は「クロール」「平泳ぎ」「安全確保につながる運動」で構成され，泳げる距離や活動し続ける時間を競うことで力を伸ばし，中学校での水泳につなげることを目的とします。記録を伸ばすために，力むことなく水中で活動したり，正しい運動のコツをつかんだりしていくことが必要となります。

　競争を取り入れる際には，友達と競ったりチーム対抗で勝負したりするほか，以前の自分と対決することで記録を伸ばす観点も大切にします。チームの勝利をめざしたり，仲間の記録更新を応援したりするために，学び合いや関わり合いの姿も生むことができます。

　競う内容を手や足の動作回数や移動距離とすることで，速さにこだわることなく，かかわりの中で楽しみながら泳力を高めていけるところが，この教材の持つよさです。

```
○みんなで成長し合うという目的の確認
○前の自分とも勝負して伸び続ける意識
○課題や目標共有化により教え合う姿勢
○他者の勝利も素直に喜べる雰囲気づくり
○ペア対抗やチーム戦を仕組み学び合う
○競い合う敵でなく「相手」という意識
```
競い合い場面の注意点

着衣水泳でも背浮き競争！

単元の流れ (10時間程度)

目標 みんなで競い合いながら，全員で25m以上泳げるようになろう！

クロールのコツを共有して，学び合う	→	**ゆったりクロールに挑戦だ！**	←	ストロークや呼吸の少なさを競い合う
平泳ぎのコツを共有して，学び合う	→	**ゆったり平泳ぎに挑戦だ！**	←	カエル足数や呼吸の少なさを競い合う
泳法や部位など課題に合わせてグルーピング	→	**同じ課題の仲間と，力を高め合おう！**	←	競い合いとともに励まし合いも生まれる
		安全確保名人選手権を開こう！	←	着衣水泳にも取り組ませたい

指導のコツ！

競うのは「速さ」でなく，「距離」や「回数」！

ゆったりと泳がせることを意識します。設定された距離を，より少ないストロークで泳いだり，面かぶりの状態でより長い時間泳いだりすることを競争します。記録を伸ばして勝負に勝つためには，各技のコツをつかむ必要があります。目的意識を確認した上で，必要となる練習に取り組ませましょう。

> 泳ぎ方のコツ例（クロール）
> ・かきで回さない方の腕を前方へ伸ばす。
> ・回す腕で，しっかり水の重量を感じる。
> ・呼吸時は，伸ばした腕に耳を預ける。
> ・呼吸時は，回す腕を探して横を向く。
> ・バタ足の力は，体勢の調整程度でよい。
> ・腕のかきによる力強い推進力で進む。
> ・できるだけ少ないストロークで進む。

苦手な児童への手立て

実態に合わせて，中（低）学年の内容に戻ればよいです。水中での活動となるため，安心感の中で活動させてあげましょう。また，友達とのかかわり合いが有効となる場合もあります。チーム戦やペア学習を取り入れることで，コツの共有化や学び合い場面を仕組みます。補助具の活用も，意図的に紹介していきましょう。

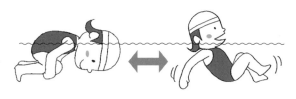

だるま浮き沈み対決に呼吸をプラス

盛り上げテクニック

他者に勝ち，自身にも勝つ

同じ目標グループで活動

前回のカエル足回数を参考に，今回の目標を宣言します

息継ぎ無しの3ストロークで，進める距離対決など

かかわりの中で学び合う工夫

目標を共有するからこそ，応援や教え合いの姿は生まれます

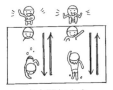

水中駅伝大会

横向きプールで，交代しながら泳げる合計距離を競います

> **ポイント!!** 競争で相手や自分に勝つために，練習したくなるという位置づけ！勝負や応援できる相手がいるからこそ，活動意欲も向上します！

52 水中ワールドへようこそ！
～水の中の楽しい仲間たち～

領域：	体つくり	ゲーム	陸上	器械運動	表現	**水泳**
学年：	**低学年**	中学年	高学年	視点：	競争	**共創**

この教材の魅力！

　本教材では，自分1人だけではできない活動により，プールでの遊びを楽しみます。友達と一緒にしたり，集団で交流したりしながら，水に慣れる姿を実現させていきます。児童にとっては楽しい遊びでも，その中に授業者の意図は含まれます。特に，水への不安感を取り除きながら，心地よさを味わわせていきます。そのような活動の中で，水中の移動や，もぐる・浮くといった基本的な動き方も身に付けさせていきます。

　普段，陸上でしている遊びの中にもヒントはたくさん存在しています。活動場所を水中へ移すだけで違った楽しみがあり，新たな学習価値も生まれます。児童の気持ちになって，楽しむわくわく感を大切に，教材を考えてみてはいかがでしょうか。児童の願いと授業者のねらいを近づけられれば，笑顔と学びの広がる水中ワールドが展開できるでしょう。

○ワニ：手だけで水中を進む
○ラッコ：ワニの上向きバージョン
○カエル：ジャンプのみで進む
○カニ：しゃがんだ姿勢で横歩き
○エビ：赤ちゃんハイハイで進む

水中動物の例

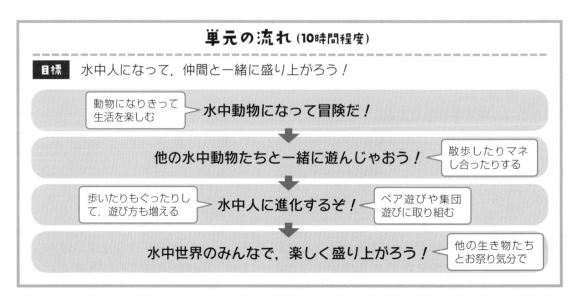

単元の流れ（10時間程度）

目標　水中人になって，仲間と一緒に盛り上がろう！

- 動物になりきって生活を楽しむ → 水中動物になって冒険だ！
- 散歩したりマネし合ったりする → 他の水中動物たちと一緒に遊んじゃおう！
- 歩いたりもぐったりして，遊び方も増える → 水中人に進化するぞ！
- ペア遊びや集団遊びに取り組む
- 他の生き物たちとお祭り気分で → 水中世界のみんなで，楽しく盛り上がろう！

指導のコツ！

場と状況の設定

低学年の児童は，お話の世界に入りやすいです。ある程度，動物のマネを楽しんだ後「仲間の水中動物を探して冒険に出かけよう」と呼びかけます。自分で決めた動物になって移動し，仲間を探します。出会えたら一緒に踊って（ぐるぐる回って），別の動物に変身します。制限時間内に何種類変身できるか楽しませましょう。

> 水中遊びの例
> ・水中じゃんけん列車（移動方法は様々）
> ・水中口パクゲーム
> ・水中あっち向いてほい
> ・水中にらめっこ
> ・水中氷おに（股くぐりで復活）
> ・水中だるまさんが転んだ（移動は動物）

自由時間と授業の違いは？

児童にとっては遊びでも，活動内容には授業者の意図が働きます。動物遊びや水中ゲーム，じゃんけん列車などを通して，水慣れや心地よさを味わわせながら，水中を移動したりもぐったりする必然性を準備します。少しずつ変化のある繰り返しの活動をつなげれば，各活動を単発に終わらせず，学習としてのまとまりをつくることもできます。

リズムに合わせて一緒に遊ぶ♪

盛り上げテクニック

水中ゲームで一工夫

目と口を大きく開けて，簡単な言葉を伝えます

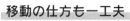
水中口パクゲーム

相手を爆笑させられれば，空気を吐き出させることができます

水中にらめっこ

移動の仕方も一工夫

動物を変えるだけで，楽しみ方も新しくなります

動物おにごっこ

いくつかトンネルをつくれば，もぐるしかありません

じゃんけん列車

ポイント!! 水中世界を充実させるヒントは，陸上ゲームの中にある！集団化することで，誰もが参加しなければならない状況を生み出す！

53 みんなと一緒に楽しく水泳
～プールって気持ちいい～

領域：	体つくり	ゲーム	陸上	器械運動	表現	**水泳**
学年：	低学年	**中学年**	高学年	視点：	競争	**共創**

この教材の魅力！

　本教材では，仲間と協力しながら初歩的な泳ぎや基本的な動き・技能を身に付け，高学年の水泳につなげていくことを目的としています。特に，蹴伸びを中心とした浮き方で動き回ったり，息を止めたり吐いたりしながらもぐる心地よさを味わうことは中心課題です。
　ペアやグループ活動の際には，それぞれのめあてを宣言することで共有させます。宣言することで自己の挑戦への覚悟を高めると同時に，補助者によるかかわりを促します。
　中学年の時期では泳法にこだわらず，水に慣れ，呼吸法や手足の動かし方など基本的な動きを習得させていくことが大切です。仲間とのかかわりや協力の中で，楽しみながら力を高めていきます。泳力とともに人間関係も豊かにしていけるのが，この教材の持つよさです。

○おへそを探すイメージで頭を入れる
○巨人に手首をつかんで持ち上げられているイメージで体を伸ばす
○つま先は猫の指でピーンと伸ばす
○水中にもぐってから両膝でバネづくり
○ロケット発射は月をめざすイメージ

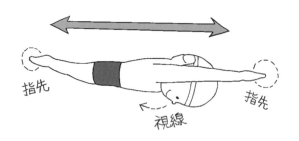

蹴伸びのポイント

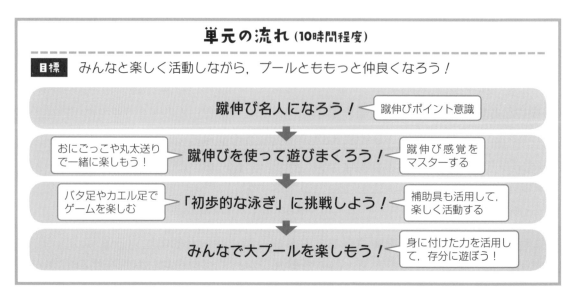

指導のコツ！

ゲーム性を取り入れて楽しい雰囲気づくり

単純に「潜りましょう」と指示せず，「お尻（おでこ）を底につけましょう」など，楽しみながら活動できるように促します。バタ足練習で関門突破ゲームを仕組んだり，ペア活動で水中じゃんけんや股くぐりに取り組ませたりしながら，楽しい活動の中で水中活動の心地よさを味わわせていきましょう。

> **ゲーム性を含ませる工夫例**
> ・同じ活動でも，少し変化を加えれば児童の学習意欲は継続させられます（バタ足突破をカエル足突破に変える等）。
> ・ロケット発射の目標をフープで示すなど，用具の使用も効果的です。
> ・グループで協力したりまねし合ったりする活動も，盛り上がります。

目標の共有に始まる学び合い学習を仕組む

ペア学習やグループ学習では，目標や自身の課題を伝え合うことで共有させます。その上で，教え合ったり励まし合ったりしながら学びを深めていきます。ペアでまねっこしたり，一緒に手をつないでボビングしたりするなど，協同的な学習も子どもたちの意欲を高めます。

ペア散歩も楽しい活動です

盛り上げテクニック

補助具の活用

人気の補助具は，カラフルなテープで巻いたペットボトル

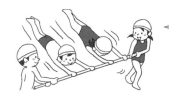

ほうきの棒などを再利用して，体の伸びる感覚と脱力感を獲得

みんなと一緒だからこそできる活動

蹴伸びおにごっこ

1回ずつ交互に，鬼と逃げる人は蹴伸びで追いかけ合います

丸太送り

丸太役は蹴伸びの姿勢で力を抜き，前方へ送り出されます

ポイント!! 安全性の意識と確保を最優先にした中で，心地よさも味わわせよう！
低学年と高学年の学びをつなげるように，意図的に学習を展開しよう！

第2章　領域別で選べる！盛り上がる「教材アイデア」全部紹介！

54 スイミースイマー
～みんなで一緒に楽しもう～

領域：	体つくり	ゲーム	陸上	器械運動	表現	**水泳**
学年：	低学年	中学年	**高学年**	視点：	競争	**共創**

この教材の魅力！

　本教材では，仲間と息や技を合わせることにより楽しむ活動に挑戦します。個人種目となってしまいがちな水泳運動に，見合うためのペア（グループ）や，一緒に活動するためのペア（グループ）活動を取り入れていきます。

　学習内容によって，チャレンジタイムとスイミータイムに分けます。チャレンジタイムは，全員で共有した泳ぎ方のポイントをペアで見合って教え合いながら活動します。ペアは，得意な児童と苦手な児童で組みます。スイミータイムは，協力して水泳運動を楽しむ時間です。グループで手をつないで浮いたり，協力してつくった水流に乗ってみんなで一緒に泳いだりします。所属感や一体感を味わえた時，プール全体に笑顔が広がります。

みんなで一緒に

ペアと学び合い

単元の流れ (10時間程度)

目標 学び合って成長してから，みんなでもっと水泳を楽しもう！

- 泳ぎ方のコツをみんなでつかむ → **クロールや平泳ぎのポイントを共有しよう！**
- ↓
- **泳ぐことも，教えることも上手になろう！** ← 楽に長く泳げるように学び合う
- ↓
- ペアやグループで，一緒に試す → **一緒に楽しむ方法を考えよう！** ← これまでの学習をもとに，集団活動を考える
- ↓
- **みんなで一緒に水泳活動を楽しもう！** ← 各グループのアイデアをもとに楽しむ

指導のコツ！

基準の共有化

チャレンジタイムのペア学習では，水泳の得意な児童と苦手な児童が組みます。ペア活動する前に，基準を共有できているかどうかが重要です。視線の向きや手足の動かし方など，全体学習の中で共有しておきましょう。その上でペア学習に取り組むことができれば，成果も高まり，共有できる喜びも増えることが期待できます。

> 基準の共有化例（平泳ぎ）
> ・足の裏で水を蹴れているか
> ・踵をお尻の近くまで引きつけているか
> ・腕と足のタイミングはどうか
> ・蹴伸びの姿勢が3秒以上あるか
> ・蹴伸び姿勢で手先から足先まで一直線に伸びているか

個人種目を集団種目へ

個人の泳力を伸ばすことに終始せず，各自の高まった泳力を集合させるところ（スイミー状態）に目的を置きます。そうすれば，自然と個人の伸びも必要となり，教え合いの姿も生まれるでしょう。動きをシンクロさせたり，曲に合わせたりする手立ても考えられます。

みんなで協力して泳ぐ＝スイミー

盛り上げテクニック

集団種目の例

2人→4人と手をつなぐ人を増やしていき…

最後は学年全員で，1つの輪をつくれるようにめざします

向きやタイミングをそろえる

向きをそろえれば，水流が発生して泳ぎやすくなります

曲に合わせて泳ぎ方を変えれば，一体感も生まれます

ポイント!! 学校で取り組むからこその楽しみを味わわせよう！
みんなの協力が必要となるので，一人ひとりに活躍するチャンス！

【執筆者一覧】

垣内　幸太（箕面市立とどろみの森学園）

森川　　力（箕面市立中小学校）

藤井　陸平（箕面市立とどろみの森学園）

新居　　達（箕面市立北小学校）

渡邉　和也（堺市立浜寺小学校）

玉嶋　佑樹（堺市立浜寺小学校）

泰松　宏行（堺市立榎小学校）

大井田　壮（堺市立黒山小学校）

山田　彰良（堺市立榎小学校）

田中　優貴（堺市立黒山小学校）

廣岡あかね（堺市立八上小学校）

串畑ひかる（堺市立八上小学校）

二谷　洋平（明石市立高丘西小学校）

【著者紹介】
関西体育授業研究会
2009年に「体育科の地位向上」を合言葉に発足。
大阪教育大学附属池田小学校に事務局を設置。
メンバーは，大阪を中心に滋賀，兵庫，奈良，福井，和歌山，広島などの教員で構成される。
月1回程度，定例会を開催し，「体育科の授業力向上」をテーマに研究を進めている。
また，毎年7月に団体演技研修会，11月に研究大会を開催。

〈著書〉
『子どもも観客も感動する！「組体操」絶対成功の指導BOOK』
『すべての子どもが主役になれる！「ボール運動」絶対成功の指導BOOK』
『学び合いでみんなが上達する！「水泳」絶対成功の指導BOOK』
『クラスの絆がグッと深まる！「なわとび」絶対成功の指導BOOK』
『導入5分が授業を決める！「準備運動」絶対成功の指導BOOK』
『団体演技でみんなが輝く！「フラッグ運動」絶対成功の指導BOOK』
『学級力が一気に高まる！絶対成功の体育授業マネジメント』
『安全と見栄えを両立する！新「組体操」絶対成功の指導BOOK』
(以上，明治図書)

体育授業が100倍盛り上がる！
「教材アイデア」絶対成功の指導BOOK

2019年8月初版第1刷刊 ©著 者 関西体育授業研究会
発行者 藤 原 光 政
発行所 明治図書出版株式会社
http://www.meijitosho.co.jp
(企画)木村 悠 (校正)奥野仁美
〒114-0023 東京都北区滝野川7-46-1
振替00160-5-151318 電話03(5907)6702
ご注文窓口 電話03(5907)6668
＊検印省略 組版所 株式会社ライラック
本書の無断コピーは，著作権・出版権にふれます。ご注意ください。
Printed in Japan ISBN978-4-18-309124-6
もれなくクーポンがもらえる！読者アンケートはこちらから →

教師力ステップアップシリーズ

ただただおもしろい 指名の方法48手 休み時間ゲーム48手

笑顔で全員参加の授業！ただただおもしろい指名の方法48手

垣内　幸太　著

授業における指名は、発言を整理するため、意欲を喚起するため、考えや人をつなぐためのもの。そこに笑いのエッセンスを加えることで、味気ない授業が全員参加の楽しい授業に生まれ変わります！定番の指名から演技派、ゲーム性、交流ものまで48の方法を収録。

112ページ・A5判　1,600円+税　図書番号：2788

5分でクラスの雰囲気づくり！ただただおもしろい休み時間ゲーム48手

日野　英之　著

休み時間は、心身を解放してリラックスしたり、子どもの状態をキャッチしたり、子どもや教師がつながる時間。そこに笑いのエッセンスを加えることで、何気ない5分が笑顔あふれる5分に生まれ変わります！定番の遊びから頭脳もの、体を使うものまで48のゲームを収録。

112ページ・A5判　1,600円+税　図書番号：2789

子どものこころにジーンとしみる ことわざ・名言2分間メッセージ

垣内　幸太　編著／授業力&学級づくり研究会　著

古今東西176語から今日ピッタリの言葉が見つかる！

先人の言葉には人の心を動かす知恵が詰まっています。それを子どもたちの心に届くよう伝えるには、伝えるタイミングと技術が大切。本書では、学校生活の様々な場面にぴったりの言葉をセレクトし、朝の会・帰りの会などでそのまま話せるメッセージと一緒にお届けします。

★例えば…
　　［学級開き］　十人十色　　［友情］　人のことも許してあげなさい
　　［礼儀・生活習慣の見直し］　親しき仲にも礼儀あり

192ページ・四六判　1,800円+税　図書番号：1597

明治図書　携帯・スマートフォンからは **明治図書ONLINEへ**　書籍の検索、注文ができます。▶▶▶

http://www.meijitosho.co.jp　＊併記4桁の図書番号（英数字）でHP、携帯での検索・注文が簡単に行えます。

〒114-0023　東京都北区滝野川7-46-1　ご注文窓口　TEL 03-5907-6668　FAX 050-3156-2790

＊価格は全て本体価格表示です。

教師力ステップアップシリーズ

キラキラかわいい！365日のイラストカットテンプレートBOOK 小学校 CD-ROM付き

モリジ 著
B5判・112頁・1,960円＋税　図書番号：1083

とにかくかわいい素材集！見た目アップで気分もアップ！
あらゆる場面で使えるイラストカットを443点、掲示物や配布物などすぐに使えるテンプレートを111点収録。もらった子どもも使った先生も教室全体もパッと明るくなります！付属CDにはモノクロ・カラーの両方収録。テンプレはアレンジ可能なWordデータ付！

 3年目教師

- 勝負の**国語**授業づくり —— 樋口綾香　編著
- 勝負の**算数**授業づくり —— 奈良真行　編著
- 勝負の**音楽**授業づくり —— 土師尚美　編著
- 勝負の**図工**授業づくり —— 松井典夫　編著
- 勝負の**体育**授業づくり —— 垣内幸太　編著
- 勝負の**道徳**授業づくり —— 富井愛枝　編著

各 授業力＆学級づくり研究会 著

国語授業：A5判・128頁・1,800円＋税　図書番号：1412
算数授業：A5判・128頁・1,860円＋税　図書番号：1413
音楽授業：A5判・128頁・1,860円＋税　図書番号：1415
図工授業：A5判・128頁・1,800円＋税　図書番号：1928
体育授業：A5判・128頁・1,860円＋税　図書番号：1930
道徳授業：A5判・144頁・1,900円＋税　図書番号：1929

今の自分からステップアップできる！！
新任1年目の基本技から、3年目以降の応用技まで、今の自分からステップアップできる！！授業づくりのスキルとテクニックを集めました。各項目冒頭の3年目教師と先輩教師の会話は必見。授業力アップのヒントがつまっています。

明治図書　携帯・スマートフォンからは **明治図書ONLINEへ**　書籍の検索、注文ができます。　▶▶▶

http://www.meijitosho.co.jp　＊併記4桁の図書番号（英数字）でHP、携帯での検索・注文が簡単に行えます。

〒114-0023　東京都北区滝野川7-46-1　ご注文窓口　TEL (03)5907-6668　FAX (050)3156-2790

関西体育授業研究会発！ **体育授業絶対成功シリーズ**

安全と見栄えを両立する！
新「組体操」絶対成功の指導BOOK

指導の秘訣、新技、定番技の安全ポイント、よりよく魅せる隊形等、これまでの組体操を今一度見直すためのスキルを全部紹介！

112ページ／B5判／1,900円+税／図書番号：0432

団体演技でみんなが輝く！
「フラッグ運動」絶対成功の指導BOOK

団体演技・フラッグ運動の指導法、演技プログラムを全部紹介！ フラッグの作り方、隊形一覧、選曲リストも収録。**DVD付き**

112ページ／B5判／2,600円+税／図書番号：0932

導入5分が授業を決める！
「準備運動」絶対成功の指導BOOK

準備運動を領域別に全部紹介！ 学級活動や学年行事で使える5分ネタも収録。

128ページ／B5判／2,160円+税／図書番号：0981

クラスの絆がグッと深まる！
「なわとび」絶対成功の指導BOOK

クラス全体で取り組めるなわとびの授業を全部紹介！ 運動会、授業参観におすすめのプログラムも収録。

120ページ／B5判／2,200円+税／図書番号：1779

学び合いでみんなが上達する！
「水泳」絶対成功の指導BOOK

「競い合う」から「高め合う」に転換するための授業展開を紹介！ 着衣泳の授業や集団演技プログラムも収録。

128ページ／B5判／2,000円+税／図書番号：1912

すべての子どもが主役になれる！
「ボール運動」絶対成功の指導BOOK

学年別の系統性、指導方法、すべての子どもを主役にするしかけと共に全部紹介！ 教具づくりのアイデア、学習カード付。

112ページ／B5判／1,800円+税／図書番号：1780

子どもも観客も感動する！
「組体操」絶対成功の指導BOOK

組体操の技を、指導のステップ、成功に導く言葉かけと共に全部紹介！ 実物プログラム、選曲リスト、隊形一覧付。

112ページ／B5判／1,700円+税／図書番号：0958

学級力が一気に高まる！
絶対成功の体育授業マネジメント

本書の目的はズバリ「学級力を高めること」。体育を通して教師も子どもも笑顔が増えるための経験と知識を全部紹介！

136ページ／B5判／2,260円+税／図書番号：0985

明治図書　携帯・スマートフォンからは **明治図書ONLINEへ**　書籍の検索、注文ができます。▶▶▶

http://www.meijitosho.co.jp　＊併記4桁の図書番号（英数字）でHP、携帯での検索・注文が簡単に行えます。

〒114-0023　東京都北区滝野川7-46-1　ご注文窓口　TEL 03-5907-6668　FAX 050-3156-2790

＊価格は全て本体価表示です。